군인 월급으로 재테크 성공한 11명의 이야기

최원순, 김준엽, 신대호,
최용근, 정연호, 정재우,
이서연, 심재현, 손현규,
이광희, 황상우

군인 월급으로
재테크 성공한
11명의 이야기

초 판 발 행	2025년 6월 1일 초판 1쇄
지 은 이	최원순, 김준엽, 신대호, 최용근, 정연호, 정재우, 이서연, 심재현, 손현규, 이광희, 황상우
교 정 교 열	김미선
펴 낸 곳	(주) 드림벙커
주 소	인천광역시 서구 청라에메랄드로 102번길 8-22
홈 페 이 지	www.dreambunker.com
이 메 일	dreambunker9@gmail.com
등 록 일 자	2025년 01월 24일
등 록 번 호	제356-2025-000005호

ISBN 979-11-991611-0-8 (03000)

이 책은 저작권법에 따라 보호를 받는 저작물이므로 무단 전재와 무단 복제를 금지하며, 이 책의 전부 또는 일부를 이용하려면 반드시 저작권자와 (주)드림벙커의 동의를 받아야 합니다.

군인 월급으로
재테크 성공한
11명의 이야기

군인들의 재테크 성공 이야기를 알리고자
이 책을 기획했는데,
작가들의 이야기에 내가 배운 것이 더 많다.
역시, 나누는 것이 오히려 나를 이롭게 한다.

<펴낸이 리치비>

들어가며...

작가들은 어떤 사람인가?

　11명의 직업군인들이 인생에서 돈 걱정을 없애기 위해 걸어왔던 이야기다. 계급과 성별도 다양한 군인들이다. 성장 환경도 모두 다르다. 부모님이 돈이 없어 어쩔 수 없이 군을 선택했거나, 군이 너무 좋아 임관했지만 결국 돈 문제에 부딪히는 과정을 겪었다.

　작가들의 공통점은 단 하나다.
　문제 인식이다! 지금 상태로는 미래에 문제가 생길 것이라는 것을 인식한 것이다. 그리고 뭔가 변화를 시도한 군인들이다. 물론, 시행 착오도 많았다. 그 과정에 큰 손해도 보았다. 그럼에도 불구하고 끊임없이 교훈을 얻으며, 원하는 것을 쟁취할 때까지 행동으로 도전했다. 결국 방향을 찾았고, 여유롭게 그 길을 걷고 있는 중이다.

　군인이 재테크 한다고 하면 소위 날라리 취급을 받는다. 이 작가들은 날라리 군인이 아니다. 군 복무간에 수많은 표창과 상을 받은 사람들이다. 성실히 복무한 사람이 결국 돈 문제도 해결해낸 것이다. 군대에서 놀고 먹고 싶어하는 사람은 이 작가들의 과정을 절대 흉내낼 수 없음을 확신한다. 내가 이들의 성실함과 근면함, 도덕적 인품을 알기 때문이다.

작가들이 전하고자 하는 메시지는 무엇인가?

이 책을 집필하던 어떤 작가분은 내게 말했다. 이 이야기가 부대에 밝혀지면, 자신에 대한 인식이 나빠질까봐 걱정이라고 했다.
아직도 돈에 관심 가지는 군인은 큰 잘못을 하는 것 같은 인식이 존재한다. 그러면서도 속으론 돈 걱정을 하는 이중적인 태도를 가지고 있는 것이 군대 분위기다. 이런 분위기가 좋은 경험을 나누지 못하게 만든다. 좋은 성공 사례를 나누지 못하게 만든다.

군대는 실제 군인들이 재테크로 성공한 사례는 찾아보지도 않는다. 군인들은 모두 투자를 못한다고 생각하기 때문이다. 이는 아마도 높은 직위에 있는 분들이 자신이 성공하지 못했기에 그런 생각을 하는 것 같다.
그러니 군대 경제교육이라고 불러오는 전문 강사는 금융사 영업원이 대부분이다. 내가 아는 한 모든 금융 경제 교육의 결론은 적금이나 보험 가입이다. 실제 어느 부대 재정참모님은 이런 군대 교육에 한탄하며 내게 강연을 요청한 적이 있다. 경제 전문가? 우리는 부를 이룬 경험자이다. 우여곡절 끝에 내가 깨달은 것은 전문가 보다는 경험자 즉, 무엇을 실제로 이루어낸 사람의 이야기가 더 가치 있다는 점이다.

실제 내가 어떤 부대에 강연을 갔을 때, 500명 가량 홍보했음에도 13명만 참석한 적이 있다. 이유를 물어보니 군대에서 경제교육하면 항상 마지막에 상품 가입서를 들이 밀었다는 것이다. 경제 전문가라고 하는 사람이 말이다. 내가 하는 교육도 마찬가지 금융 상품 설명회 처럼 생각했던 것이다.

20년 동안 나도 군대에서 전문가라는 사람들에게 경제교육을 받았다. 그 사람들은 진정 군인들의 부와 풍요를 바라는 것일까? 그들의 교육과 강의는 그저 영업활동에 불과했다는 사실을 뒤늦게 알았다. 그래서 나는 이 책을 만들기로 결심했다.

이 책의 작가들은 모두 성공한 경험자이다. 작가들은 자신의 경험을 나누면 많은 군인들이 자신이 겪었던 문제를 해결할 수 있다는 믿음을 가지고 있다. 재테크하는 군인은 불성실하다는 인식의 피해를 감수하고 용기내어 책을 집필했다.

나는 11명의 용기를 존경한다.
나는 11명의 이야기가 너무 좋다.

2025년 5월
리치비

제 1장 _ 군인이지만 결심하기

군대에서 순자산 10억 달성 <최원순>
- 19 나는 산골짜기 출신, 산골짜기 군인
- 22 부동산 투자의 시작
- 25 군인의 장점을 활용한 부동산 투자
- 34 주식을 시작하다.
- 37 군인이라 더 좋았던 주식 투자
- 41 잘못된 프레임을 깨고, 행동한 결과

부자 될 수 없었던 환경 <김준엽>
- 49 너 여기 살아?
- 52 돈 때문에 지원한 부사관
- 53 친절한 자산관리사?
- 56 코인으로 도박한 댓가
- 57 인생의 멘토를 만나다.
- 60 드림벙커? 무슨 만화제목인가?
- 62 나는 누구 일까?
- 65 내가 법원을 가디니.
- 67 대출은 타임머신 비용이다.
- 69 내가 변한 것이 가장 큰 성공

제 2장 _ 나는 돈의 주인이다.

돈 문제를 해결한 두아이 아빠 <신대호>
- 75 두 아이 아빠, 전역을 꿈꾸다
- 78 결국 돈이 없더라
- 81 부의 열쇠를 만나다
- 87 하면 된다.
- 91 모두가 자유로운 삶

독서로 만든 평생 파이프라인 <최용근>

- 97 　돈을 원망했던 학창시절
- 99 　재테크 초보자 20대
- 103 　20대 처음 부동산 실패를 맛보다.
- 106 　다시 책과 친해지기 시작한 30대
- 108 　책을 통해 얻을 수 있는 것
- 111 　책과 가까워지기 위한 습관
- 114 　책에서 말하는 대로! 실전 재테크
- 118 　최고의 투자 선생님

군인 친구 부자 마인드 수업 <정연호>

- 123 　부자되는 것을 생각만 하고 있나요?
- 127 　안된다는 생각을 버려야 해요.
- 133 　전역? 잠깐만 기다려보세요.
- 136 　월급은 이렇게 관리하세요.
- 144 　다양하게 비교할 줄 알아야 해요.
- 146 　군인 아파트는 최고의 기회에요.
- 149 　괜찮아요. 이제 방법을 알았잖아요.

전역 직전! 금융 문맹 탈출 <정재우>

- 155 　어린 시절 나의 경제관념
- 159 　잘못된 만남 : 변액보험
- 161 　관사 나오는데 당연히 아파트 사야지!
- 166 　인생의 은인을 만나다
- 171 　결국 독서더라

제 3장 _ 나는 집 주인이다.

29살 여군의 첫 아파트 <이서연>
- 179 돈 때문에 좌절한 스무살
- 181 여군 월급으로 부자라는 착각
- 182 나.. 집 사야겠어!
- 187 청약 올가미에 걸려있는 남편
- 188 1억 들고 부동산 첫 임장
- 191 한숨만 나오는 아파트 가격
- 196 부족한 자금 마련
- 199 내집 산 뒤 찾아온 변화

내 집 마련에서 시작한 작은 도전 <심재현>
- 205 인생의 터닝 포인트가 된 첫 집 마련
- 214 경제서적 400권의 깨달음
- 217 독서와 실행 : 경제적 자유의 초석
- 220 주식은 도박이다. 나는 주린이
- 222 실패를 넘어 : 새로운 주식 투자 시작
- 224 경제적 자유를 향한 작은 발걸음

후다닥! 아파트 구매 일기 <손현규>
- 229 내가 믿고 싶은 것만 믿고 살았다.
- 233 대출 받아 자동차 산 멍청이
- 235 코인으로 쪽박 찼다.
- 238 친절한 나쁜 놈 : 보험 선배
- 244 현금만 보유하자.
- 246 외제차를 산 정신 나간 놈
- 248 은인을 만나다.
- 252 꼭 산다! 부동산 스터디
- 255 외제차 팔고, 내 집 마련하자!
- 258 인생 첫. 부동산 중개사와 통화하기
- 261 그 아파트. 한번 가 보기라도 하자.
- 267 일산 31평 아파트, 2천만 원으로 샀다.

제 4장 _ 나는 주식의 주인이다.

24살, 1억 만들기 성공 <이광희>
- 277 솔직히 군인보다 부자가 되고 싶었다
- 279 도파민 중독자
- 282 종잣돈을 만들자
- 284 그토록 기다린 우연한 만남
- 287 젊음의 가장 큰 장점은 시간

주식 시장에서 이기는 방법 <황상우>
- 293 13년의 군 생활, 후회하는 세 가지
- 294 내 인생의 전환점 : 결혼
- 298 나의 투자 선생님 : 독서
- 305 100권의 책을 읽고 얻은 7가지 원칙
- 314 시작하자마자 만난 상승장 (2020년)
- 319 전 재산 넣자마자 하락장 (2022년)
- 323 생각보다 빨리 온 회복장 (2023년)

마치며... _ 추천하는 투자처

에필로그

미국 주식 ETF 추천 리스트

입지 좋은 대장 아파트 리스트

제 1 장

군인이지만 결심하기

군인이라는 이유로 돈이 없다는 사실을 외면힐 수 없지 않은가. 명예를 위해 돈은 없어야 한다는 말을 누가 만들었는가. 우리는 군인으로 명예로운 임무를 다하면서도 가족들의 풍요를 위해, 우리의 미래를 위해 돈을 가지고 싶었다.

네이버 카페 리치군인
함께 하는 재테크 스터디
#자본주의 #독서 #부동산 #경매 #짠테크 #주식 #이커머스

군대에서 순자산 10억 달성

최원순

작가 소개

최원순

활동명 : 방탄노른자

육군장교로 20년째 근무중

월급 모아 부동산과 주식에 투자해 11억 순자산 달성

공포와 욕심을 이기는 투자 마인드를 가진 행복한
실전 투자자

나는 산골짜기 출신, 산골짜기 군인

"0월 0일 투데이뉴스입니다."

"S&P500 지수가 사상 최고가를 갱신했습니다."

"수도권 아파트 가격이 30주째 하락하고 있습니다. GTX 개통이 6개월 앞으로 다가오면서 주변 아파트 전세가격이 들썩이고 있습니다."

"최근 금리가 급등하며 강달러가 심화되고 있습니다."

뉴스에 이런 내용들이 나오면 귀가 쫑긋 세워지고 고개를 돌려보게 된다. 이런 내용은 나와 밀접하게 관련되어 있어 관심이 많다. 한편으로 조금 진부하게 느껴지기도 한다. 이미 인터넷에서 관련 자료들을 찾아보고 알고 있기 때문에, 뉴스는 나보다 느리게 정보를 정리해 줄 뿐이다.

그만큼 나는 투자에 관심이 많고 지금도 월급으로 투자하고 있다. 한때는 출근길에 경제 유튜브를 들으며 출근하곤 했다. 밤새 있었던 미국의 경제 상황이 궁금하기도 했고, 누구보다 빨리 알아야 투자를 잘할 것 같았기 때문이다. 경제 전문가라도 된 듯 마음이 든든했다. 물론 지나고 보니, 투자 정보에 너무 몰두하면 오히려 투자 심리에 좋지 않다는 사실을 알게 되기 전까지의 이야기다.

예전의 나는 산골짜기에 근무하는 군인일 뿐이었다. 나는 자본주의와 관련 없는, 그야말로 금융문맹이었다. 경제 뉴스에는 관심이 없었고, 정해진 날이면 들어오는 월급 덕분에 경제위기가 와도 체감하지 못했다. 어떤 경제 상황에도 내 생활은 늘 같았다. 이렇다 할 재테크도 하지 않았다. 그렇다고 돈을 흥청망청 쓰지도 않았다.

월급의 50만 원은 자동으로 군인공제회 적금으로 빠져나갔다. 월급 명세서도 본 적이 없다. 적당히 쓰고 남은 월급은 CMA 통장에 넣어 두었다. 미래를 대비한다고 종신보험도 가입했다. 20년 전 1억짜리 아파트도 없는 지방에 살던 내가, 죽으면 1억이 나온다고 해서 굉장히 좋은 보험이라 생각하며 가입했었다. 나름 나만의 투자인 셈이었다.

한 번은 인터넷에서 무료 재테크 1:1상담을 해준다고 하여 신청했다. 서울에서 강원도까지 네 번이나 찾아와 상담해 주었다. 처음에는 정말 고마웠다. 그리고 상담사가 쏟아내는 전문적인 경제 용어 앞에 아무것도 모르는 나는 그가 굉장히 전문적으로 느껴졌다.
마지막 날, 상담사는 상품을 하나 소개해 주었다. 그 상품의 이름은 정확히 기억나지 않지만 뭔가 멋져 보였고, 설명서는 깔끔한 바인더에 담겨 있었다. 좋아 보였다. 월 30만 원씩 10년 장기 투자하라고 했다. 집에 와서 검색해 보니 변액보험 영업이었다. 다행히 가입하지 않았다. 경제를 모르는, 나 같은 금융문맹은 영업사원들의 주요 표적이었다.

소령 때의 일이다. 군사합동대학을 수료하고 새로운 부대로 발령을 받았다. 관사를 받으려면 6개월 정도 기다려야 한다고 했다. 그래서 근처의 민간 아파트에 전세로 살기로 했다. 관사가 나오면 다른 사람에게 전세를 인계할 생각이었다.

그 당시 공인중개사는 한 다세대 주택을 나에게 소개해 주었다. 지금 돌이켜보면 그 사람은 중개 보조인이었던 것 같다. 그땐 그런 구분조차 못 하던 시절이었다.

"이 매물은 근저당이 60%인데, 주인이 수입이 확실한 공무원이라 안전하다"고 안내해 주었다. 무슨 말인지 이해하지 못했지만, 나는 그 집이 마음에 들지 않아 계약하지는 않았다. 지금 생각해 보면 정말 위험한 집 아니었겠는가?

당시 나의 아버지는 "나중에 전세보증금을 못 받을 수도 있으니 월세집을 구하라. 전세집은 잘 골라야 한다."고 조언해 주셨다. 난 그 심각성을 알지 못한, 무지한 사회 초년생일 뿐이었다. 군 생활 10년을 넘긴 소령인데도 말이다.

그렇게 집을 보던 중, 방 두 개짜리 20평 복도식 아파트를 만나 전세 계약하게 되었다. 이것이 내가 스스로 진행한 첫 부동산 계약이었다. 난생처음 전세집을 알아보고 계약해 본 것이다. 관사가 제공되다 보니 이런 경험과 지식이 부족했었다.

부동산 투자의 시작

4개월 후 관사에 입주하며 전세 보증금 7,500만 원을 무사히 돌려받았다. 이 돈을 어떻게 활용할지 고민하였다. 목돈이 생기니 자연스럽게 재테크에 관심 두기 시작했다.

마침, 부대 동료 중 누군가가 남양주시의 다산 신도시 아파트 분양권을 7,000만 원이나 프리미엄을 주고 산다고 했다. 프리미엄이란 분양가격보다 웃돈을 더주는 금액을 말한다. 당시 나에게 7,000만 원은 너무나 큰 돈이었다. 그 돈을 프리미엄으로 쓰기에는 부담스러웠다. 물론 지금 돌아보면 대출을 활용해 충분히 투자할 수 있는 금액이었다. 그러나 당시 나는 집을 사는 방법 자체를 전혀 몰랐기에 불가능하게만 느껴졌다.

이 종잣돈을 어떻게 할까 고민하다가 전역 후 살 집을 미리 준비하기로 마음먹었다. 아내의 직업을 고려해 지방 아파트를 알아보았다. 지방 아파트는 가격도 부담없어 분양받게 되었다. 당시 가진 돈으로 대출 없이 살 수 있는 29평형 아파트에 청약을 넣었다. 6:1의 경쟁률이였지만, 1순위로 당첨이 되었다. 그때가 2017년이었다.

이 아파트는 2017년 계약부터 2019년 입주까지 총 2억 3,500

만 원이 필요했다. 이 중 내 자금은 1.05억 원이 들었고, 나머지 1.3억 원은 전세입자를 받아 충당하여 온전한 내 집이 되었다. 이 집을 보면 언젠가 우리 가족이 들어가 살 생각에 기분이 좋아졌다. 사전점검 때 신축 아파트를 보니 빨리 들어가 살고 싶다는 생각도 들었다. 그렇게 나는 무주택자를 탈출하고 1주택자가 되었다. 인구 30만이 조금 안되는 지방의 29평형 신축 아파트와 애증의 인연이 시작된 것이다.

아파트를 갖게 되었지만, 기쁨도 잠시였다. 2019년부터 전국적으로 아파트 가격이 오르기 시작했다. 오르지 않는 지역을 찾기 힘들 정도였다. 내가 아파트 살 때 주변 동료들이 좋다고 했던 다산 신도시, 동탄 신도시, 세종시 모두 가격이 많이 올랐다. 내 아파트와 비슷한 지방 아파트도 예외는 아니었다. 전국 부동산은 일명 '불장'이었다. 그럼에도 내가 분양받은 아파트의 가격은 오히려 떨어졌다. 알고 보니 그 지역은 장기간 '미분양 관리지역'이었다. 내가 살 때부터였는지, 사고 난 이후였는지는 알 수 없었다. 나는 그저 아무것도 모르는 부린이(부동산 어린이)였다.

군 생활 한참 남은 녀석이 실거주라니, 참 생각도 짧았다. 뉴스에 나오는 부동산 소식은 나와는 무관한 이야기들뿐이었다. 내가 산 지역 이야기는 1년에 한 번 나올까 말까였다. 그곳은 부동산 투자로 보면 변두리 중의 변두리였다. 아무도 관심 없는 지역에 투자한 것이다. 그제야 나는 내가 투자에 무지했다는 사실을 깨닫기 시작했다.

당시 난 시골에 근무하는, 사회와 단절된 군인이었다. 군인공제회에 넣는 것, 그리고 남은 돈을 적금하는 것 외에는 어떤 투자도 하지 않고 있었다. 그렇게 내가 살 수 있었던 다산 신도시의 아파트는 점점 멀어져 갔다.

이를 경험하면서 서울과 수도권 아파트에 대한 갈망이 생겼다. 본격적으로 부동산 투자 공부를 시작했다. 구체적인 방법을 알아가면서 조금씩 생각이 바뀌기 시작했다. 매일 같이 아파트 시세를 살펴보고, 매수 방법을 고민했다. 어느 지역을 가더라도 부동산 어플을 열어 가격 흐름을 살피고, 왜 이 가격인지 생각해 봤다. 그러면서 입지 분석과 아파트를 고르는 능력을 키워나갔다. 부동산 관련 책도 읽어 보았는데, 시대적으로 맞지 않다는 느낌이 들었다. 이미 지나간 이야기만 하다 보니 큰 도움이 되지 않았다. 그래서 부동산 투자로 성공한 사람들의 책, 유튜브, 커뮤니티의 글처럼 실시간으로 올라오는 컨텐츠를 보며 공부했다. 최신 정보와 경험을 잘 설명해 줘 공부하기 쉬웠다.

지방 아파트 첫 구매를 경험하면서, 뭐라도 사 봐야 공부하게 된다는 사실을 알게 되었다. 원래는 공부를 먼저하고 아파트를 사야 하는데, 아이러니하게도 사보고 나서야 공부를 시작한 것이다. 공부가 충분히 되어있었다면 더 큰 수익을 낼 수도 있었을 텐데, 그런 점은 지금도 아쉬움으로 남는다.

군인의 장점을 활용한 부동산 투자

2017년, 나는 지방의 아파트를 분양받았다. 비슷한 시기에 내 주변 동료들은 다산 신도시와 세종시에 아파트를 샀다. 당시 그곳 아파트 가격은 내가 산 집보다 1억 원에서 1.5억 정도 더 비쌌다. 여유 자금 1억 원을 가지고 있던 나는 엄두도 내지 못했다. 부동산 공부가 하나도 되어있지 않았기 때문이다. 오로지 내가 가진 1억 원만이 아파트를 살 수 있는 전부라 생각했었다. 대출받아야겠다는 생각 조차 하지 못했으니 얼마나 어리석었던가!! 당시 아파트 가격은 본격적인 가격 폭등 전이라 매우 쌌던 시기였다.

2021년, 나는 이른바 '벼락거지' 신세가 되었다. 코로나19 팬데믹으로 전 세계가 경기 침체를 우려했던 시기였다. 미국을 포함한 세계 각 정부는 경기 부양을 위해 기준금리를 제로에 가깝게 완전히 낮춰 시장에 막대한 돈을 풀었다. 시장에 풀린 돈이 넘쳐나면서 화폐의 가치가 하락했고, 상대적으로 물가는 오를 수밖에 없었다.

오르는 물가에 대한 대응이 늦어지면서 물가는 계속해서 급격히 상승했고, 부동산 가격 역시 2배 이상 폭등했다. 이 시기, 무주택자들은 아무것도 하지 않으면 상대적으로 '벼락거지'가 된다는 말이 생겨날 정도였다. 너무 빠르게 오르는 부동산 가격 때문에 지금이라도 집 하나는 사야 한다며 영혼까지 끌어모아 대출하라는 의미의 '영끌'이라는 신조어까지 등장했다. 그만큼 시장은 뜨거운 불장이었다. 이때 수많은 사람들이 불나방처럼 부동산과 주식에 달려들었다.

그 시절 나는 당시 2배 이상 치솟은 아파트 가격을 보고는 부러움만 가득했다. 앞서 이야기했듯, 나는 '좋은 자산'을 보유하고 있지 않았다. 아파트 가격이 급등하는 동안, 내가 산 아파트 가격은 거의 오르지 않았다.

내가 분양받은 아파트는 2020년까지 3억 원 정도가 되어 6천만 원 정도 상승했다. 반면, 다산 신도시와 세종시의 아파트는 약 5억 원이 올라 8억~9억 원이 되었다. 만약 그때 내가 부동산 공부가 충분히 되어있었다면 수억 원을 벌 수 있었던 기회였을 것이다. 하지만 그 기회를 잡지 못하고, 내가 나중에 살 지역의 아파트를 사게 된 것이다. 무지했던 나의 선택은 훗날 엄청난 결과의 차이로 이어졌다.

이 실수를 경험하면서 나는 중요한 힌트를 하나 찾았다. 그 힌트는 투자한 '여유자금 1억 원'과 '무대출'이라는 조건 속에 있었다. 당시 나는 내가 가진 능력대비 좋지 않은 아파트를 샀다. 여유자금 외 군인공제회 저축 자금도 가지고 있었고, 안정적으로 월급을 받고 있었음에도 대출을 전혀 활용하지 않았다. 나는 군인이기에 금융위기도 모르고 지나갈 만큼 안정적으로 월급을 받았고, 관사 덕분에 주거 걱정도 하지 않았다. 그런 안정적인 현금 흐름 속에서도 대출을 활용한다는 생각을 전혀 하지 못했다.

만약 이 사실을 깨닫지 못했다면 전역 후에도 아파트 원리금을 계속 갚으면서 살아왔을지도 모른다. 그렇게 되면 내가 원하는 부자의 모습으로 살게 될 확률은 점점 낮아진다. 대출을 활용하지 않고 투자를 하게 될 경우, 내 능력보다 못한 자산을 매수하게 되고, 이는 나를 부자로 이끌어주기는커녕 오히려 골칫거리가 될 수 있다는 사실을 알게 되었다.

지방 아파트 매수한 나의 첫 투자 경험을 통해 몇 가지 깨달음을 얻을 수 있었다. 그중 하나가 '내가 살(LIVE) 집을 사지(BUY)마라' 이다. 이것은 나의 중요한 부동산 투자 원칙이 되었다. 특히, 군인이 꼭 명심해야 하는 원칙이라고 생각한다. 관사 생활을 하는 군인은 '내가 살(LIVE)집'이 당장 필요한 것이 아니기 때문이다.

나는 '전역 후 살 집'과 '자산으로 살 집'을 구분하지 못했기 때문에 가격이 오르지 않는 지방 아파트를 매수한 것이다. 처음에는 10년 후 살 집을 미리 마련해 놓았다는 생각에 마음이 든든했다. 지금 당장 전역을 해도 안정적으로 거주할 수 있는 신축 아파트가 있으니 말이다.

하지만 시간이 지나면서 뒤늦게 깨달았다. 10년 후 전역 시점이 되면 그 아파트는 더 이상 신축이 아닌 구축 아파트가 되어있을 것이다. 그리고 1억 원의 자금으로 전세 2억 원을 끼고 매수한 3억 원 아파트가 나중에 4억 원이 되어있어도, 내가 실거주하려면 여전히 대출 원리금을 갚아야 할 것이다.

그런데 만약 다른 지역의 아파트, 예를 들어 서울이나 수도권의 아파트를 샀다면 어떨까? 4억 원 하던 아파트가 8억 원이 되었다면, 그때는 오히려 내가 원래 살고자 했던 아파트를 사고도 돈이 남는 상황이 됐을 것이다.

이런 생각이 드니 나의 첫 투자는 정말 비효율적이고 위험한 선택이었다는 것을 깨달았다. 이를 계기로 나는 자산 가치가 오르는 집을 사야 한다는 명확한 기준을 세우게 되었다. 누가 가르쳐 주지 않았다. 직접 경험하고 생각하는 과정에서 나도 모르는 사이 자리 잡힌 생각이었다. 그리고 나서 보니 많은 투자 전문가들 역시 똑같은 이야기를 하고 있었다. 전에는 들리지 않던 것들이 들리고 보이게 되었다.

그 후 나는 서울 아파트를 사야겠다는 열망이 생겼다. 매일 부동산 공부를 했다. 관련 책을 읽고, 부동산 투자로 성공한 사람들의 글과 유튜브 컨텐츠를 보면서 지식을 쌓아갔다. 이제는 반드시 가격이 오를 만한 아파트를 사고 싶었다. 나의 자금 능력으로 살 수 있는 수도권의 아파트를 찾기 시작했다. 그렇게 나의 취미는 아파트 시세를 파악하고, 내 대출 능력(한도)을 조회하는 것이 되었다.

몇 년을 공부했지만 시장 상황이 매수하기에 적절하지 못했다. 당시 시장은 상승장이었다. 수도권 아파트를 살 수 없던 결정적인 이유는 비싸진 가격 말고 따로 있었다. 바로 부동산 규제 때문이다. 수도권 전체가 규제지역으로 묶여 있었고, 나에게 가장 부담이 되었던 규제는 양도세 비과세를 위해서는 실거주 2년을 해야 한다는 것이었다. 서울에 거주할 필요가 없는 군인인 나에게 실거주 규제는 큰 부담이었다. 게다가 1주택자였던 나는 취득세가 무려 8%였다. 사자마자 큰 손해를 보고 시작해야 하는 상황이었기에, 이런 부동산 상승기에 아파트를 사기란 쉽지 않았다.

2022년에는 분위기가 바뀌었다. 급격한 하락장이 찾아 왔다. 기준 금리가 급격히 인상되고 부동산의 가격이 본격적으로 하락하기 시작했다. 어디까지 가격이 하락할지 아무도 알 수 없었다. 부동산 시장은 꽁꽁 얼어붙어 거래되지 않았다.

아파트 가격은 2021년 최고가격 대비 30% 이상 떨어졌고, 많이 떨어진 곳은 50% 가까이 떨어진 지역도 있었다. 서울의 아파트 매매 실거래가격지수는 '21년 10월 최고 188.9에서 '22년 12월 최저 142.1로 무려 24.8%가 하락했다. 2021년 저금리 시기 '영끌'로 집을 샀던 사람들은 금리 상승으로 이자 부담 가중과 자산 가치하락이라는 이중고를 겪고 있었다.

"아파트 시장은 끝났다."

사람들은 이렇게 말하기 시작했다.

누구도 아파트를 매수하려 하지 않았다. 그렇게 계속해서 부동산 시장이 좋지 못하니 규제가 하나둘씩 해제되기 시작 했다. 나는 기회가 올 것을 감지했고, 내 자금 사정에 맞는 아파트 시세를 모니터링하고 있었다. 지금이 기회다, 규제만 풀리면 바로 사야겠다는 확고한 생각이 들었다.

2023년 1월 3일, 드디어 기다렸던 규제 해제가 발표됐다. 강남 3구와 용산구를 제외하고 수도권 전 지역이 규제지역에서 해제가 된 것이다. 이제는 나의 매수 타이밍이 온 것이다.

이를 대비해 2022년 말, 보유하고 있던 지방 아파트를 매도하려 했다. 실거주 수요자에게 매도하기 위해 전세입자를 받지 않고 공실로 내놓았다. 하지만 부동산 시장 분위기가 좋지 않아 아무도 찾아오지 않았다. 원래도 수요가 적은 지방 시장인데, 시장이 얼어붙다 보니 매도는 더더욱 어려웠다. 855세대의 신축 아파트였는데, 한 달에 1~2건 정도만 거래가 이루어졌다.
반면 전세 수요는 꾸준했다. 더 이상 투자 타이밍을 미룰 수 없다고 판단한 나는 결국 전세라도 받아 자금을 확보하기로 했다. 전세보증금 1.7억 원과 신용대출 1.5억 원, 주식 일부 매도금 0.3억 원까지 총 3.5억 원의 자금을 마련해 수도권 아파트 매수를 결심하게 되었다.

당시 시장은 공포 분위기였기 때문에, 집을 산다고 하면 모두 말리는 분위기였다. 그러나 다행히 나의 동반자인 아내도 부동산 매수를 찬성했다. 하락장인 이 기간에 부동산을 매수하니 좋은 점이 많았다. 아무도 아파트를 매수하려고 하지 않았기에 매수자 절대 우위의 시장이었다. 매수자인 나는 부동산 소장님과 매도자에게 왕 대접을 받을 수 있었다. 부동산 소장님은 좋은 조건의 매물이 나오면 바로 연락을 주었고, 나는 가장 좋은 조건의 매물을 선택할 수 있었다. 매수를 결정하게 된 이유를 4가지 정도로 정리할 수 있다.

첫 번째, 최고가격 대비 30% 하락하면서 2020년도 가격대까지 내려와 저렴하다고 생각했다.

2020년은 아직 인플레이션이 시작되지 않았던 시기인데, 3년이 지난 지금이 그때 가격과 동일하다면 자산으로서 충분히 싸다고 판단했다. 시간이 흐르면 돈의 가치는 떨어질 수밖에 없기 때문이다. 그리고 가격이 여기서 너 하락하더라도 1억 원 이상은 떨어지지 않을 것이라 생각했다. 지금보다 싼 가격으로, 이 입지의 신축 아파트를 매수하기는 어려울 것이라 생각했다. 나는 시장 상황보다 '가격' 자체에 집중했다.

두 번째, 부동산 규제가 해제되어 매수할 수 있는 조건이 되었기 때문이다.

그전까지 이 아파트는 규제지역에 해당하였었는데, 해제되면서 실거주 2년 의무 조건이 사라졌다. 그리고 신용대출을 받아 규제지역의 부동산을 살 수가 없었는데 이 또한 가능하게 되었다. 부동산 규제가 있는 시기에는 살 수 없는 상황이었기에 이처럼 기다리던 시기가 오면 꼭 사야만 했다.

세 번째 이유는 신축 아파트이고, 내가 매수할 수 있는 범위 내에서 입지가 좋다고 판단했다.

강남까지 차가 안 막힐 때는 25분, 출퇴근 시간에는 50분 정도 걸리는 위치였다. 수도권 아파트 가격은 강남에 얼마나 접근성이 좋은지 비교 평가하여 가격이 정해진다고 할 정도로 강남은 압도적인 입지를 지닌 지역이다. 아직은 주변에 개통된 지하철이 없지만, 향후 개통이 확정된 지역으로 입지적 가치도 괜찮을 거라 판단했다.

네 번째 이유는 나의 가용자금 범위 내에서 매수할 수 있었고 자금 흐름에 무리가 없었기 때문이다.

아직 이 아파트에서 실거주할 계획이 없었기 때문에, 전세 보증금을 발판삼아 갭투자 할 계획이었다.

이 집은 전세가가 5.1억 원에 맞춰져 있었고, 매수가는 8.5억 원으로 실투자금 3.4억 원만 확보하면 살 수 있었다. 여기서 중요한 것은 당시 시장 상황이 투자보다는 실거주를 중요하게 생각하던 때라, 전세입자가 거주하는 매물의 매매가는 다른 매물들에 비해 가격이 더 낮았다. 그래서 지방 아파트 전세금으로 받은 투자금 2억 원을 가지고 아파트를 매수할 수 있었다. 전세금과 대출과 같은 안전한 레버리지를 활용하여 현금 흐름에 문제없이 아파트를 매수할 수 있었다.

나의 실패했던 과거들은 오히려 투자의 확고한 신념이 됐다. 그 경험과 신념은 이후 어떠한 시장 상황에서도 나에게 심리적 안정감을 주었다. 나는 최대한 대출을 끌어들여 용감하게 수도권 아파트를 매수했다. 그리고 이때 매수한 아파트는 잔금을 치르기도 전, 3개월 만에 1억 원이 올랐고, 1년 후에는 무려 2억 원이 올랐다.

나는 군 업무에 몰두하면서 아무것도 하지 않았는데 큰 순수익을 얻을 수 있었다. 이 수익은 나의 연봉의 몇 배에 달하는 금액이었다. 연봉을 한 푼도 쓰지 않고 5년을 모아야 하는 돈을, 단 1년 만에 벌어들인 것이다. 나 같은 사람 3명이 모여 월급을 받는 효과와 같았다.

이런 혼란한 부동산 시장 상황에서도 용기 내어 투자할 수 있었던 것은 '군인'이었기 때문이다. 안정된 경제 여건이 보장되어 있었기 때문에 어떤 위기가 와도 버틸 수 있다는 자신감이 있었다. 이 경험은 군인이 되기 잘했다고 생각하게 만들었다. 그리고 국가에 대한 감사한 마음도 더욱 커지게 되었다.

많은 사람들이 "군인은 박봉이야", "군대는 폐쇄적이고 군인의 복지는 엉망이야."라고 이야기할 때 나는 반대로 군을 사랑하게 된 것이다. 다들 전역한다고 군을 뛰쳐나가는 시국에 현역으로 근무하고 있는 것이 얼마나 감사한 일인지 다시한번 생각한다.

주식을 시작하다.

"이렇게 큰돈을 주식에 넣으면 어떻게 해! 당장 다 팔아!"
"아무개가 주식해서 망했어. 주식 하지 마라! "

평온했던 어느 날, 우리 집은 난리가 났다. 내가 본격적으로 주식 투자를 하고 있다는 사실을 알게 된 가족들의 반응이었다. 적은 금액으로 투자하고 있다고 알았던 가족이 내가 실제 투자한 금액의 규모를 듣고는 깜짝 놀란 것이다.

나도 이전까지는 부동산 투자는 해도 주식 투자는 할 마음이 없었다. 많은 사람들은 주식 투자를 굉장히 위험하게 생각한다. 나도 주변 사람, 유튜브, 언론에서 그런 이야기를 많이 들었고, 그 때문에 주식 투자는 위험하다고 생각했었다. 내가 보던 유명한 부동산 투자자도 "주식 투자는 안한다."고 하여 나는 더 신뢰했다.

이게 끝이 아니었다. 출근해서 주식 차트를 보고 있는 동료 군인들이 보기 싫었다. 왠지 '위험하고 나쁜 짓을 하고있는 군인' 이라는 프레임으로 그들을 바라보곤 했다. 이런 이유들로 부동산 투자는 하면서도 주식 투자는 하지 않고 있었다.

그렇게 주식은 위험하다고 생각했던 내가, 불과 1년 만에 주식 부자가 되었다. 주식 투자에 대한 나의 고정관념과 프레임이 완전히 바뀐 것이다. 지금부터 어떻게 내가 바뀌게 되었는지 이야기해 보려 한다.

2022년, 미국은 유례없이 단기간에 기준금리를 급격히 올리기 시작했다. 그 여파로 주식과 부동산 시장은 1년 내내 폭락했다. 당시 시장은 바닥이 어딘지 모를 정도로 계속 떨어졌고, 4년 전인 2018년의 가격까지 떨어졌다. 최고가격 대비 -20% ~ -30% 이상 하락한 상황이었다.

그때 나의 가장 친한 동료가 나에게 물었다.
"야, 너 주식 투자하냐?"
"아니, 안 해."

그는 "주식 안 하면 펀드라도 해봐."라고 말하면서 나에게 현재의 미국경제 상황을 자세하게 알려주었다. 그의 이야기를 들으면서도 솔직히 나는 반신반의 하고 있었다. 대부분은 처음 듣는 이야기였고, 아는 것이 없었기 때문에 쉽게 믿을 수 없었다. 그는 자신이 하고 있는 투자를 내게 직접 보여줬다. 거금을 투자하고 있었고, 수익도 좋았다. 내가 그의 권유를 믿을 수 있었던 가장 큰 이유는 따로 있었다.
"이 주식은 세계에서 1등 기업들 주식이야. 너 아이폰 쓰지? 그

거 만든 애플 주식이야. 너 유튜브 보지? 이거 구글 주식이야. 마이크로소프트이고 메타, 테슬라 주식이야."

그가 권유한 것은 그런 우량 기업들을 모아놓은 ETF에 대한 투자였다.

그 이야기를 듣고는 투자를 시작하기로 결심했다. 이것이 내 주식 투자의 첫걸음이었다. 그날 밤, 처음으로 주식 어플을 설치하고 현금을 달러로 환전하여 투자하기 시작했다. 모든 것이 처음이었지만, 증권사에 가지 않고도 쉽게 계좌를 개설하고 만들고 투자할 수 있었다.

군인이라 더 좋았던 주식 투자

2022년, 경제 위기에 주가가 크게 떨어졌다. 처음 투자를 시작한 뒤 -70%의 미국 주식 계좌를 보면서 두렵기도 했다. 당시는 주식 투자로 성공해 본 경험이 없었기 때문일 것이다. 한편으로는 지금 사면 가격이 싸졌으니 적은 돈으로 많이 살 수 있다고 생각했다.

'마트에 바나나가 6천 원 하던 것이 3천 원으로 할인 행사를 한다. 너무 좋아서 나도 바나나 2송이를 샀다. 아울렛에 갔다. 예전부터 사고 싶었던 나이키 티셔츠가 6만 원 하던 것이 3만 원으로 할인하여 판매한다. 사지 않을 수가 없다. 신나게 쇼핑한다. 미국 주식 시장에 갔다. 1주에 70달러 주고 사던 것이 30달러 한다.'

당시의 나는 이렇게 생각했다. 주식이 떨어져 입은 손실에 무게를 두기보다 싸게 살 수 있다는 생각에 집중했다. 이 좋은 자산들은 언젠가 다시 오를 것이라 믿었다. 그렇게 월급을 잘 모아가며 저렴하게 떨어진 주식을 계속 샀다. 자녀에게도 2,000만 원씩 비과세 증여를 진행해 주식을 사주었다.

투자를 본격적으로 시작하면서 주식에 대한 공부를 더욱 열심히 하기 시작했다. 내 돈이 실제로 들어가게 되면 투자 공부를 더욱 열심히 하게 된다. 대세 하락장이었던 그 시기에, 누구도 주가의 바닥이 어디인지 쉽게 예측할 수 없었다.

그런 분위기 속에 나는 주가가 떨어질 때마다 계속 투자했다. 이상하게도 나는 두렵지가 않았다. 주린이였던 내가 용기를 낼 수 있었던 것은 "세계 1등 기업에 투자하고 있으니 이것은 반드시 다시 회복할 것이다."라는 믿음이 있었기 때문이었다. 경험과 공부가 쌓일수록 그 믿음은 점점 더 확고해졌다. 주식 시장을 조금씩 이해해 나갔다.

몇 개월 후, 내 믿음대로 주가는 회복하기 시작했다. 내가 투자했던 자산은 2배, 3배 이상 올라 큰 수익을 안겨주었다. 자녀에게 비과세로 증여했던 주식도 큰 자산으로 성장했다. 그렇게 나는 주식 부자가 되었고 그 이후로도 투자를 안전하게 이어오고 있다. 내가 일해서 버는 돈보다 더 큰 수익을 내고 있다.

위기 속에 무덤덤하게 받아들일 수 있었던 것은 내가 군인이기에 가능했다.

군인이 주식 투자하기 좋은 직업이라는 생각이 자리 잡혔다. 안정적으로 월급을 받을 수 있다는 것의 가치는 경제 위기에서 더욱 빛을 발한다는 것을 이해했다. 이런 시기에는 자산의 가격이 떨어지고, 화폐의 가치는 올랐다. 같은 돈으로 더 좋은, 더 많은 자산을 살 수 있는 것이다. 중소기업이나 소상공인은 좋지 않은 경제로 인해 타격을 받았다. 그러나 군인인 나의 월급은 그대로 유지가 되었다. 탄탄한 월급을 바탕으로 값이 싸진 주식을 계획성 있게 매수할 수 있었다.

복무기간이 정해져 있기에 계획성 있는 장기 투자도 가능했다. 군 생활 남은 기간 어떻게 투자해서 자산을 늘려갈지 구상하고 전역할 때 필요한 자금들을 계산해 놓고 그전까지 장기 투자를 하는 것이다. 어떤 위기가 와도 소득이 일정하게 유지되기 때문에 크게 걱정하지 않아도 됐다. 이런 장점들은 안전하게 주식 투자를 지속할 수 있도록 했다.

주식투자는 내가 어디에서 복무하든 상관없다. 스마트폰만 있으면 쉽게 투자할 수 있다. 시공간의 제약 없이 몇 번의 터치로 주식 투자가 가능하니 편리하다. 일단 매수만 하면 아무것도 하지 않아도 돈을 벌어다 주고, 부동산 투자처럼 꼭 어딘가를 직접 가지 않아도 거래할 수 있다. 부동산 투자는 그 지역까지 꼭 가봐야 하고, 계약을 위해서는 일정한 일자에 약속을 맞춰야 한다. 그런데 주식은 그런 것들로부터 매우 자유롭다. 월급이 들어오면 CMA 계좌에 모아뒀다가 주가가 싸졌다고 생각하는 원하는 시기에 사기만 하면 된다. 또는 월급날에 정해놓은 금액으로 주식을 사 모으기만 하면 된다. 그러면 알아서 주식 자산이 성장한다.

주식 투자는 업무에 전혀 지장을 주지 않고 쉽게 할 수 있었다. 오히려 업무를 열심히 하면 주식의 등락을 신경쓸 겨를이 없었다. 이것 또한 군인이 주식 투자하기에 좋은 직업이라 생각했다.

종목은 고민하지 않았다. S&P500, 나스닥 지수처럼 미국의 주가지수를 추종하는 ETF를 꾸준히 사 모았다. 세계 패권 국가인 미국은 지난 100년이 넘는 기간 동안 세계 1등 자리를 지켜오고 있고, 미국 주식 시장은 장기적으로 계속 상승하고 있다. 그렇게 믿을 수 있는 1등 주식 자산을 모으기만 하면 되기에 나는 나의 업무에만 몰두하면 됐다. 경제 상황에 따라 주가가 상승과 하락을 반복하지만 따로 공부할 필요가 없었다. 오히려 따로 주식 투자 공부를 하지 않았다. 잘못된 투자 정보가 오히려 방해될 수 있다는 생각 때문이었다. 주식에 대한 공부보다 세계 경제의 메카니즘을 이해하기 위한 공부를 했다.

나는 주린이(주식투자 어린이)에서 주식 부자가 되었다. 내 자산은 이 글을 적고 있는 이 시간에도 알아서 성장하고 있다. 물론 떨어지는 날도 있지만, 업무에 집중하는 동안 결국은 성장해 있을 것을 믿는다. 앞으로 얼마나 상승하고, 얼마나 하락할지 모른다.

그러나 나는 장기적으로 투자하면 결국 현금을 그냥 쥐고 있는 것보다 몇 배 이상의 수익을 가져다줄 것이라는 믿음을 가지고 있다. 경험하지 못한, 불확실한 미래에 대한 두려움은 없다. 나는 경험과 공부를 통해 주식 시장을 점점 이해해 나갔다.

주식 시장은 등락을 반복하고 있다. 그것은 당연하다. 시장을 주도하는 거대 자금들이 돈을 벌기 위해서는 변동성을 만든다. 개인 투자자는 그 변동성에 잡아먹히면 안 된다. 뉴스에 나오는 주식 시황들은 짜 맞추기식 해석일 뿐이다. 실제로는 그 상황을 일부러 만들거나, 그 상황으로 주가의 변동을 만들어 내는 데 이용한다.

잘못된 프레임을 깨고, 행동한 결과

중위 시절, 대학 친구가 대기업에 입사했다. 당시 나의 연봉은 2천만 원 정도였고, 그 친구의 초봉은 4천만 원이 넘었다. 부러웠다. 그 친구는 "세금 내고 나면 아무것도 없어."라고 웃으며 이야기했다. 군인의 월급이 대기업에 비해 적다는 것은 그때나 지금이나 비슷한 것 같다. 군인은 월급이 적어 고연봉자에 비해 경제적으로 여유롭지 못한 직업이라 생각했다. 과거 금융문맹이었던 나는 군인공제회와 적금으로 월급을 모으는 것 외에는 아는 것이 없었다.

지금은 완전히 다르다. 경제 뉴스의 대부분이 나와 관련되어 있다. 내가 투자한 수도권 아파트와 미국 주식은 모두의 관심사로 경제 뉴스의 단골 주제다. 투자를 계속해 나갈수록 투자금의 규모도 점점 커졌다. 우리나라 상위 10% 이상의 자산 수준을 갖게 되었고, 군인치고는 경제에 관심이 높은 사람이 되었다. 시간이 흐를수록, 전역 후에도 경제적으로 어렵지 않게 살아갈 수 있는 조건을 갖춰 가고 있었다.

2022년, 미국은 인플레이션을 통제하기 위해 금리를 급속도로 올렸다. 우리나라도 해외로 자금 유출을 우려해 금리를 올릴 수밖에 없었다. 금리가 오르니 고금리 예금상품이 많이 나왔다. 연이자 5%의 예금도 봤다. 이 상품에 가입하기 위해 줄을 길게 서는 현상이 발생했다. 동료 중에도 큰돈을 예금에 가입한 사람도 있었다. 사람들은 금리가 높으니 대출을 받기보다는 예금에 가입했다. 이때 나는 세상과 반대로 행동했다.

고금리 시기에, 나는 예금보다 대출을 선택했다. 지금이 기회라 생각하고 모든 현금을 투자해야겠다고 마음 먹었다. 군인의 월급은 안정적이기 때문에 나름대로 계획하에 투자할 수 있었다. 대출 금리가 높았지만, 충분히 감당할 수 있다고 판단했다. 이런 생각들로 과감하게 최대한의 대출을 받았다. 만약 내가 군인이 아니었다면, 이렇게 하지 못했을 것이다.

한미 연합훈련 기간 상급부대로 몇 주 파견 갔을 때의 일이다. 대령 과장님은 전역이 얼마 남지 않았던 모양이다. 전역 후에 무엇을 할지에 대한 고민과 함께, 분양받은 아파트 대출 상환에 대한 걱정도

하고 있었다. 몇 년 전 분양 받은 운정 신도시 40평대 아파트의 잔금을 치러야 한다며, 빨리 금리가 내려가 이자 부담이 줄었으면 한다고 했다.

그 옆에 있던 나의 파트너 중령분도 전역을 준비하고 있었다. 그분은 주식 투자에 대한 지식이 많았고 자투리 금액으로 투자하고 있었다. 하지만 전역 후 살 집에 대한 원리금 상환 걱정을 하고 있었다. 연금이 월 300만 원 이상 나오는 그들도 원리금 걱정과 함께 완벽히 은퇴하지 못하는 현실을 보면서, 나는 반드시 미리 준비해야함을 느낄 수 있었다. 나는 20년 근무한 소령이나 30년 근무한 대령이나 비슷한 고민을 하고 있다고 생각했다.

때로는 나도 무진장 차를 바꾸고 싶었다. 아이들과 아내가 캠핑을 좋아하는데 4명의 가족이 지낼 캠핑 장비를 싣는 것이 쉽지 않았다. 아이들이 탄 뒷 좌석과 앞 좌석 발밑에까지 짐을 쑤셔 넣어 싣고 다녔다. 트렁크가 큰 SUV를 사고 싶었다. 내가 불편한 것은 참을 수 있지만, 가족이 불편한 것은 참을 수가 없었기 때문이다. 중고차 홈페이지를 들어가서 검색했더니 2천만 원 정도 할 줄 알았던 SUV는 3천만 원이 넘었다. 물론 그 정도의 돈은 쓸 능력과 가치는 충분하다고 생각했지만, 절대 양보할 수 없는 것이 있었다.

그건 바로 그 소비로 인한 투자 기회비용이었다. 이 3천만 원을 지금 주식에 투자하면 미래에 6천만 원을 가져다 줄 것이라는 믿음이 있었기에, 조금만 참으면 돈도 벌고 나중에는 중고가 아닌 신형

SUV를 살 수 있다는 생각이 들었다. 몇 번의 캠핑을 위한 3천만 원은 내게 액면가 그대로의 3천만 원이 아니라 6천만 원 이상의 돈의 가치라 생각하니 도저히 쓸 수가 없었다. 투자금을 빼서 쓴다는 것만큼 싫고 아까운 것이 없었다. 어떤 일이 있어도 나의 자금은 자산에 들어가 있어야 한다는 생각이 내 머릿속에 깊게 박히게 되었다.

그런 생각으로 지켜낸 투자금들은 나에게 큰 수익을 안겨 주고 있다. 덕분에 전역 후 내가 하고 싶은 일을 선택할 수 있는 자유가 생겼다. 만약 경제적으로 준비되지 않았다면, 나는 아마 예비군 지휘관 같은 안정적 직업을 선택했을 것이다. 물론 그 직업을 무시하는 것은 아니다. 하지만 20년 이상 군인으로 살아보니 이제는 행동에 제약이 없는 홀가분한 삶을 살고 싶다. 여전히 '안정된' 직업이라는 점이 나를 고민하게 만들었지만, 다른 인생을 살아보고 싶었기에 한 선택이다.

군 생활이 자랑스럽고 적성에 맞아 행복했지만, 전역 후에는 완벽히 이 길을 떠나고 싶다. 경제 문맹이었던 내가 투자에 눈을 뜬 것은 너무나 감사한 일이다. 과거의 선택이 현재와 미래에 큰 차이를 낳게 된다는 것을 경험하게 됐다. 중요한 시기에 올바른 선택으로 현재의 나를 위기로 몰아가지 않았다는 사실에 감사하다.

나와 아내의 직업 특성상 앞으로 지방에 살 것 같다. 하지만 서울로 거주지를 옮겨야 하는 상황이 올 수 있지 않을까?

그때가 왔을 때, 못하는 것과 하지 않는 것은 큰 차이가 있다. 대비하지 않으면 원하는 환경에서 살기 어렵다. 그때를 대비해 나는 앞으로도 꾸준히 우상향하는 자산에 나의 자금을 보존할 것이다. 아직 부자라 하기에는 아주 부족하지만, 내가 하고 싶은 일을 할 수 있게 된 것에 만족한다. 더 노력하면 진정한 부자가 될 수 있다는 기대를 하고 있다.

그동안 누구도 나에게 경제에 대해 가르쳐 주는 사람이 없었다. 투자한다고 하면 모두가 하나같이 위험하다며 걱정부터 했다. 물론 나를 위해서 하는 걱정이라는 것을 잘안다. 그러나 가르쳐 주는 사람이 없는 정확한 이유를 이제는 알 것 같다.

주변에 부자가 아무도 없었고, 경제 문맹인 사람들로 가득했기 때문이다. 경험해 본 사람이나 부에 도전해 본 사람이 없으니, 알려줄 사람도 없있다. 물론 부동산이나 주식은 떨어질 때도 있었다. 그때만 보면 원금이 보존되지 않아 위험해 보일 수도 있다. 하지만 떨어진 것이 아니라 오르는 과정 속의 일부라고 생각했다.

현재의 나는 '선택의 자유'를 조금씩 확보해 가고 있다. 그러나 완벽한 자유를 얻기 위해 앞으로도 꾸준히 노력해야만 한다. 그 시기는 10년 후를 목표로 하고 있다.

이제 나는 군인은 투자하기 좋은 직업이라는 프레임을 갖게 되었다. 동료들에게 군인은 돈을 벌 수 없다는 프레임을 깨고 나오라 전도한다. 진심으로 말이다. 내가 투자에 성공할 수 있었던 것은 단연코 내가 군인이었기 때문이라 생각한다. 만약 그렇지 않았다면 이런 투자 기회 앞에서 과감히 실행하지 못했을 것이다.

안정적인 월급, 제공되는 거주 환경, 복무기간 보장이라는 확실한 안정성 덕분에 불안하지 않았던 나는 다른 직업의 사람들보다 더 용감하게 투자할 수 있었다. 좋은 자산에 돈을 넣어두고, 군 생활만 열심히 하면 되니 투자 스트레스도 비교적 적었다. 치열한 자본주의 사회 속에서, 나는 군인으로 근무하며 안전하게 경제적 성장을 이루어 갈 수 있음에 감사한다.

부자 될 수 없었던 환경

김준엽

작가 소개

김준엽

육군상사로 18년째 근무중

24년 6월에 리치군인을 만나 독서에 눈을 뜨고 책을 열심히 읽고 미국주식, 부동산경매, 이커머스 등 각종 재태크로 자산을 불려나가는 중

너 여기 살아?

그놈의 가난은 15살부터 시작되었다. 아버지께서는 신발공장을 운영하시고 어머니는 족발과 감자탕집을 운영하셨으며, 그 당시에는 30평대에 큰 평수 아파트에서 살고 있었다. 하지만 내가 중학교 2학년이 되던 해 아버지의 사업이 실패하면서 우리 집에는 빨간딱지들이 붙었다. 어머니의 식당도 문을 닫았고, 우리는 아파트단지 바로 옆 저층 주거지에 있는 단칸방으로 이사하게 되었다.

아버지는 매일 술을 마시며 어머니를 때리셨다. 집에 잘 들어오지도 않으셨다. 남 밑에서는 일할 수 없다며 여기저기 다른 사업을 알아보러 다니시는 것 같았다. 어머니는 식당에서 설거지 일을 하시며 단칸방 월세를 내기 위해 고군분투하셨다. 아버지는 집에 돈을 가져오지 않았고, 오히려 어머니가 월세를 내기 위해 벌어온 돈을 가지고 사라지곤 했다.

우리 단칸방 집이 있는 골목은 음침했다. 그런데 그곳은 우리 학교 친구들이 등교할 때 지나는 지름길이어서, 같은 학교 학생들이 자주 지나다녔다. 아침 등교를 위해 대문을 나선 어느 날이었다. 그런데 저 멀리서 중학교 1학년 때 나에게 고백했다가 내가 거절했던 여자

아이가 걸어오고 있었다. 그 아이는 원래 내가 살던 집을 알고 있었다. 나는 순간 대문 안으로 몸을 숨겼지만 그 아이는 이미 나를 본 듯했다. 우리 집 대문 앞으로 오더니 깜짝 놀란 표정으로 "너 여기 살아?" 하고 물었다. 정말 너무 부끄러워서 고개를 들 수 없었다. 내 인생에서 가장 부끄러운 순간이었다. 뒤도 돌아보지 않고 뛰어서 학교로 향했다. 학교에서 그 여자아이를 마주치면 어색하게 인사할 뿐이었다. 그 아이도 내 마음을 아는지 더 이상 묻지는 않았다.

고등학교 입학하기 전 나의 겨울방학은 뜨거웠다. 우리 가족 모두가 겨울방학 내내 전단지 돌리는 아르바이트를 했기 때문이다. 인터넷 가입 전단지였는데, 그 해가 원숭이해라 전단지에 원숭이 그림이 그려져 있던 것이 기억난다. 하루 종일 열심히 전단지를 돌려도 우리는 과자값 정도만 받을 뿐, 번 돈은 모두 아버지가 가져갔다.

전단지를 돌리던 어느 날, 1학년 담임선생님께 전화가 왔다. 내가 신입생 OT에 참석하지 않아서 확인 전화를 하신 거였다. 아르바이트 하느라 정신이 없어 신입생 OT를 깜빡했다. 나중에 입학 후 친해진 친구는 내가 신입생 OT를 참석하지 않아 불량학생인 줄 알았다고 말했다.

나는 공부와 담을 쌓고 살았다. 지하철을 타고 왕복 3시간이 걸리는, 집에서 1시간 30분 거리의 고등학교에 진학했다. 내가 그 고등학교에 진학한 이유는 단 하나, 공부를 하지 않았기 때문이다. 아버지 사업이 실패하기 전에는 학원도 다녔었고, 국어·영어·수학은 거의 100점에 가까울 정도로 좋았다.

하지만 아버지의 사업이 실패하고 학원을 다닐 수 없게 되자, 내 성적은 수직 낙하 하였다. 내가 공부를 못하는 것은 학원을 다니지 못하기 때문이라고 생각했다. 늘 '나 학원 다닐 때는 국영수 100점 받았어'라며 자기 위로를 일삼았다. 학교에 가면 수업시간에 잠만 잤고 방과 후에는 친구들과 PC방을 다녔다. 부모님께서도 어려워진 가정환경 탓에 학원조차 못 보내주시는게 미안했는지 성적에 대해 크게 관여하지 않으셨다.

돈 때문에 지원한 부사관

내가 부사관을 지원한 이유는 단 하나다. 전역 후 마땅히 할 일이 없었고, 돈을 벌기 위해서였다. 임관 후 자주 듣는 소리가 있었다. "누구누구 아들은 전역하고 할 것이 없어서 집에서 논다더라", "차라리 말뚝 박기를 잘했다" 등 주변 어른들의 칭찬이었다.

하지만 나는 알고 있었다. 만약 내가 의대나 법대를 다니고 있었다면 과연 말뚝 박으라고 했을까? 내가 집에 돈이 많아서, 내가 무엇인가 잘하는 것이 있어서 뭔가를 할 수 있다면 말뚝 박으라고 했을까? 아니다. 말뚝 박은 것이 잘했다는 이야기를 듣는 것은 그만큼 내가 한심하게 살아왔다는 것을 증명해주는 것만 같았다.

군인으로 '영상정보'라는 주특기를 선택했다. 이 주특기는 격오지에서 야간 근무를 하는 주특기다. 격오지에서 야간 근무를 한다는 것은 곧 돈을 많이 벌 수 있다는 뜻이다.

그렇다. 나는 오로지 돈을 많이 벌기 위해 이 주특기를 선택했다.

친절한 자산관리사?

선배의 친한 친구 중 자산관리사가 있다고 했다. '자산관리사'라고 하니 정말 멋있어 보였고, 돈도 많아 보였다. 선배가 한번 만나 보겠냐고 제의했다. 선배 또한 그 친구로부터 여러 상품을 가입하고 자산관리를 받고 있다고 했다. 재테크에 대해 잘 몰랐던 나는 좋은 기회라고 생각하고 선배의 친구를 만나기로 했다. 지금 생각해 보면 그 친구를 만나지 말아야 했다.

선배 친구가 비싼 회를 사준다고 했다. 부대 바로 밑에 있는 횟집에서 선배와 함께 그 자산관리사를 처음 만났고, 그 분은 자기 회사 팀장이라는 분과 함께 왔다. 그 둘이서 내가 정신을 차리지 못할 만큼 많은 말을 했다. 지금은 잘 기억이 나질 않지만 군인공제회 해지, 변액보험, 종신보험 이야기를 들었던 것 같다. 그리고 그 자리에서 바로 변액보험 가입신청서를 작성했던 것 같다. 아무것도 모르는 상태였지만, '선배 지인이니까 잘 해주겠지?' 라는 막연한 심정이었다. 당시 나는 월급을 군인공제회에 몰빵하고 있었다. 그때 군인공제회의 최대 구좌였던 150구좌(75만원)을 넣고 있었고, 그렇게 모인 금액은 약 1,000만 원 정도 쌓여 있었다.

선배 친구는 군인공제회가 쓰레기라고 했다. 제공하는 이율도 계속 줄이고 하는 사업마다 말아먹으니, 군인공제회를 해지하고 자신이 추천하는 상품에 가입할 것을 권했다. 하지만 군인공제회를 감액하거나 해지하기 위해서는 무조건 서울 본사를 방문해야 했다. 그래서 휴가 때 본사를 방문해 군인공제회 적금을 해지하고 더 좋은 상품에 가입하기로 약속했다. 휴가 출발일이 되었다. 그 선배 친구가 부대 앞까지 나를 데리러 왔다. 나는 이렇게까지 친절하게 호의를 베풀어주시는 것에 그저 감사한 마음뿐이었다. 선배 친구와 함께 군인공제회를 해지하고 종신보험과 실비보험에 가입했다. 인생의 귀인을 만난 기분이었다.

3년 즈음 지난 어느 날, 갑자기 보험사에서 연락이 왔다. 원래 내 보험을 관리해 주던 선배 친구가 회사를 그만두게 되어 자신이 내 보험을 관리하게 되었다는 내용이었다. 어이가 없었다. 평생 내 돈을 관리해 줄 것처럼 나를 그렇게 유혹해서 상품을 가입하게 해놓고 단 한마디 말도 없이 일을 그만두는 모습에 화가 났다. 선배한테 이 상황을 전했지만, 선배는 그저 미안하다고 할 뿐이었다.

선배도 2,000만 원을 날렸다고 했다. 선배는 그 친구를 통해 최초 2,000만 원을 투자하면 매월 40만 원이 나오는 상품에 가입했었다. 그래서 매월 40만 원씩 받는다고 나에게 자랑을 했었고 나는 그것이 너무 부러웠다. 그 당시 나는 계급이 하사였고 2,000만 원은 너무 큰 돈이었기에 가입하고 싶었으나 가입할 수 없었다. 하지만 불과 3개월 정도 지났을 무렵부터 매월 나오던 40만 원은 더 이상 나오지 않았고 원금조차 찾을 수 없었다고 한다. 무슨 상품이었는지는 모르겠지만 그 선배도 친구 때문에 많은 손해를 본 것은 분명했다.

　　20대 초반의 나이로 종신보험에 가입했다. 선배 친구의 권유로 가입했던 상품들은 변액보험, 종신보험, 실비보험이었다. 가입 후 5년 정도 지났을 때, 혼자 공부를 해보니 이 상품들이 정말 쓰레기라는 것을 알게 되었다.

　　선배 친구라는 그 사람은 나에게 빨대를 꽂았던 것이다. 나를 극한까지 뽑아 먹었다는 것을 깨달을 수 있었다. 정말 쓰레기 같은 변액보험과 종신보험을 해지했다. 원금 대비 거의 50%에 가까운 손해를 입었다. 내 보험담당자와 보험사로부터 해지를 만류하는 연락이 계속해서 왔지만, 나는 차라리 이 손해를 감수하더라도 해지하는 것이 낫다고 판단했다.

　　이 일을 겪으며 보험영업원들은 절대 믿지 않아야 한다는 것과, 그저 지인이라는 이유로 쉽게 다 믿어서도 안 된다는 것을 깨달았다.

코인으로 도박한 댓가

나는 주식과 코인이 무서웠다. 그래서 2017년 코인 광풍이 불었을 때도 절대 손대지 않았다. 그것은 도박이라고 생각했다. 차근차근 돈 모으는 것이 최고라고 생각했다.

2020년, 매제로부터 연락이 왔다. 자신의 지인이 코인회사를 만들고 코인을 상장시켜서 지금 많은 수익을 보고 있다고 했다며 투자를 제안했다. 그래서 딱 200만 원만 넣어보기로 했다. 포블게이트라는 거래소의 TKNT라는 코인이었다. 불과 며칠 만에 200만 원이 300만 원이 되었다. 이게 꿈인가 싶었다. 가만히 보고 있기만 해도 돈이 계속 늘어나니 하루 종일 휴대폰만 쳐다보고 있었다. 돈이 실시간 복사가 되는 것을 보고 있으니 가만히 있을 수 없어 조금씩 조금씩 돈을 더 넣기 시작했다.

투자한 원금은 어느새 1,000만 원이 되었다. 매제가 엑시트 타이밍을 알려준다고 했기에, 두려울 것이 없었다. 1,000만 원은 2,000만 원이 되었고, 나는 너무 신난 나머지 주변 지인들에게 투자를 권했다. 처음에는 믿지 못했지만, 이내 다들 신기하다는 듯이 휴대폰을 들여다보기 시작했다.

하지만 그것도 잠시였다. 지인들에게 추천한 지 얼마 지나지 않아 코인은 10%, 20%씩 폭락하기 시작했다. 매제에게 연락해 보았지만, 기다려 보라고 했다. 그러나 코인은 무섭게 폭락했고, 최고가 3,000원이었던 코인은 200원까지 떨어졌다. 그리고 결국 상장 폐지 되었다.

투자를 권했던 지인들에게 너무 미안했다. 내가 괜히 나대서 돈을 잃게 만들어 그들의 얼굴을 쳐다볼 수 없었다. 상장 폐지 이후의 회사 소식을 종종 전해 주며 그들을 독려하고, 기다려 보자고 했지만 사실 희망이 없었다. 이때 나는 절대 주식과 코인을 하지 않겠다고 결심했다. 특히, 주변 사람들에게는 절대 추천하지 말아야겠다고 뼈저리게 다짐했다.

인생의 멘토를 만나다.

나는 모아 놓은 돈이 거의 없었다. 군 생활을 시작한 지 15년이나 지났지만, 자산이라고는 집은커녕 자동차 1대가 전부였다. 가족들과 놀러 다니고 먹으러 다니는 것을 좋아하는 탓에 돈을 모을 생각조차 하지 않았다.

그런데도 나는 잘 살고 있다고 생각했다. 먹고 싶은 것을 마음껏 먹을 수 없고, 가고 싶은 곳을 마음껏 갈 수 없었던 어린 시절에 비하면 성공한 삶이라고 생각했다. 이 정도면 된다고 생각하며 살고 있었다. 어려웠던 가정환경에서 자랐음에도 나쁜 길로 빠지지 않은 것을 스스로 대단하다 여겼다. 그렇게 현실에 안주하며 지금도 행복하다는 자기 위로를 하며 살았다.

아내는 미래를 걱정하기 시작했다. 정말 돈 모아야 한다며 가계부도 작성하고 여러 가지 재테크 공부도 시작하였다. 그러면서 나에게도 함께 할 것을 요구하였다. 지금 삶에도 충분히 만족하는 나로서는 정말 싫었다. 아니 지금 삶에 만족한다는 핑계로 귀찮은 일을 하고 싶지 않았다. 아내와 자주 싸우게 되었다. 아내는 나에게 주식 공부, 부동산 경매 공부 등 뭐라도 해보라고 계속 말했지만 나는 짜증을 내며 피하기만 했다. 맞벌이 후 집에 와서는 육아로 거의 모든 시간을 보내는 우리에게 재테크는 불가능하다고 생각했다.

리치비님을 처음 만난 건 2024년 6월의 어느 날이었다. 아내는 리치군인 카페의 리치비라는 사람이 라이브방송을 한다고 같이 보자고 했다. 내키지 않았지만 아내가 옆에서 소리를 크게 틀어놓아 강제로 같이 듣게 되었다. 그 라이브방송은 내 머리 속에 번개처럼 꽂혔다. 당시 돈에 대한 원리, 경제 등 누구도 해주지 않았던 이야기들을 해주셨다. 강의를 들으면서 공감대가 형성되며 새로운 사실들을 알게 되었고, 조금씩 리치비라는 사람에 대한 마음의 문이 열리기 시작했다.

얼마 뒤 리치비님을 실제로 만날 기회가 왔다. 아내는 리치군인 카페 회원들이 용산에서 번개 모임을 한다며 같이 꼭 가보고 싶다고 했다. 리치비님의 라이브 방송 후 어느 정도 마음의 문이 열린 나는 흔쾌히 같이 가기로 하였다.

처음 리치비님을 봤을 때 충격을 받았다. 목소리를 들으며 상상했던 이미지와는 전혀 다른, 허름한 복장의 중년 아저씨가 나타났다. 리치비님의 목소리가 워낙 꿀 보이스라 당연히 젊다고 상상했기 때문이었다. 모임을 통해 내가 앞으로 무엇을 해야 하는지 정해졌다. 갑작스러운 번개모임이라 많은 회원분들이 모이지는 못했지만 서로 자신만의 인사이트를 공유하고 많은 이야기를 나눴다. 평소 'I' 성향인 나는 이런 모임을 별로 좋아하지 않는다. 하지만 여러 회원분들과 만나 여러 가지 이야기를 나누니 내 자신이 성장하는 느낌이 들어 정말 좋았다. 앞으로 열심히 활동하며 내 자신을 성장시켜야겠다고 다짐했다.

드림벙커? 무슨 만화제목인가?

　아내는 리치비님께서 드림벙커라는 교육 커리큘럼에 참여할 인원을 모집하는데 군인만 가능하다며 내가 꼭 했으면 좋겠다고 했다. 카페도 가입하지 않은 상태였다. 그래서 나를 뽑아 주지 않을 것이라며 처음에는 신청하지 않겠다고 했다. 그런데 얼마 뒤에 한 번 해보는 것도 나쁘지 않겠다는 생각이 문득 들었다.

　리치군인 카페에 가입하고 드림벙커 모집 글을 찬찬히 읽어 보았다. "인생을 바꾸고 싶다면 과외로 알려 드리겠습니다." 드림벙커 모집 글의 제목이었다. 피식 웃으면서 일명 '사짜' 느낌이 좀 난다고 생각했다. 총 6명을 모집했고, 방금 카페에 가입 후 바로 신청하는 내가 뽑히기는 쉽지 않겠다는 생각이 들었다.

　알바들이 쓴 것만 같은 후기글을 읽어 보았다. 드림벙커를 수료하고 자신이 어떻게 변했는지에 대한 내용이었다. 사실 난 리뷰를 잘 믿지 않기 때문에 자세히 읽어 보지는 않았다. 책을 많이 읽는다고 해서 부자가 된다고? 솔직히 믿기지 않았다. 하지만 내 마음속 깊은 곳에서는 변화하고 싶은 마음이 나도 모르게 싹트고 있었는지 담담하게 신청서를 최대한 정성스럽게 작성해서 제출하였다.

아내가 카페 가입하면 꼭 읽어 보라고 한 글이 있었다. 바로 리치비님의 '부자군인 설계도'였다(5개월뒤 이 글은 '군인은 어떻게 부자가 될 수 있을까'라는 책으로 출간되었다.). 약 30분 가량 글을 읽어 나가며 나는 내 머릿속에 핵폭탄이 터지는 느낌을 받았다. 지금까지 나의 상식을 뒤엎는 글이었다. 군인이 부자되기 가장 쉬운 직업이라고? 말도 안 되는 소리였다. 군인 월급도 박봉이고, 군인 처우의 개선 문제가 사회적 이슈가 되어 난리인 이 상황에, 군인이 부자되기 가장 쉬운 직업이라는 말을 믿을 수 없었다.

'군인은 연금 하나 바라보고 하는 직업이다' 지금까지 내가 군 생활 하면서 귀에 딱지가 앉도록 들은 이야기다. 그 외에도 '군인 연금마저 계속해서 칼질하고 있다.', '군인은 평생 월급쟁이로 살아가기에 부자가 될 수 없다.', '전역하면 편의점 알바만 해도 300만 원은 번다.' 등 군인과 관련된 부정적 이야기들만 가득했고 나 역시 그렇게 생각하며 군 생활을 해왔다. 그런데 이 글을 읽고 나서는 그 모든 것을 부정당하는 느낌이었다.
'드림벙커에 무조건 선발되어야 겠다.'
부자군인 설계도를 읽으면서 드는 생각은 그것뿐이었다. 지금이라도 알게 되어 다행이며, 나도 부자가 되고 싶다는 생각이 마음속 저 깊은 곳에서 싹트기 시작했다.

나는 누구 일까?

드림벙커 선발 결과가 게시되었다. 두근두근 떨리는 손으로 게시글을 클릭했고 놀랍게도 선발자 명단에는 내 닉네임이 있었다. 신청서를 정성스럽게 작성한 보람이 있었다. 정말 날아갈 것 같은 기분이었다. 리치비님께서 따로 단톡방에 초대도 해주셨다. 단톡방에 입장해 서로 인사를 나누자, 내가 선발되었다는 것이 실감이 나기 시작했다. 별것도 아닌 데 심장이 뛰었다. 지금까지 멈춰있던 내 시계가 다시 돌아가는 느낌이었다. 그렇게 드림벙커 1기 첫 수업을 시작하게 되었다.

수업을 시작하고 얼마 뒤 정신을 차릴 수 없었다.
"당신이 좋아하는 것은 무엇인가요?"
이 단순한 질문에 쉽게 답을 할 수 없었다.

나는 내가 무엇을 좋아하는지 안다고 생각했다. 하지만 사실 잘 모르고 있었다. 내가 좋아하는 것은 무엇인지, 내가 싫어하는 것은 무엇인지, 그 어떤 것도 명쾌하게 대답할 수 없었다. 리치비님은 그것을 찾아야만 한다고 했다. 그렇게 강력한 한방으로 첫 시간을 마쳤고, 드림벙커의 과제는 드림벙커가 끝날 때까지 매일 독서 후 짧은 글을 남기는 것이었다. 남기기였다.

그 이후 나는 매일 책을 읽게 되었다. 좋든 싫든 매일 짧은 소감을 작성하고 인증을 해야 하기에 어떻게든 읽어서 글을 썼다. 너무 힘들었다. 책이라고는 언제 읽었었는지 기억도 나지 않는 내가 매일 책을 읽다니 신기했다. 속도도 느리고 글을 작성하는 것도 오래 걸렸다. 시간이 지날수록 나는 변해갔다. 읽는 속도가 빨라지는 것은 기본이고 독서가 너무 재미있었다. 책은 성공한 사람을 만나는 가장 쉬운 방법이라고 했다. 내가 그 사람이 된 것만 같았다.

책 읽는 것이 점점 습관으로 자리 잡고 있었다. 운전이나 운동하면서는 오디오 북을 듣게 되었고 병원과 은행에서 대기하는 동안에는 전자책을 읽고 있는 내 모습을 발견하게 되었다. 정말 놀라운 변화였다. 책을 읽으면 읽을수록 더 많이 알고 싶은 욕구가 솟구쳤고, 지식에 대한 갈증이 생겼다. 일단 베스트 셀러들은 다 읽어봐야겠다는 생각을 가지고 여러 가지 장르의 책을 읽었다.

책을 읽으며, '작가가 처한 저 상황에서 나라면 어떻게 행동 했을까?' 라는 생각을 참 많이 했다.
돌이켜보면 나는 작가들이 했던 선택과는 반대되는 선택을 했었다. 그래서 나는 성공하지 못했고, 성공한 사람의 책을 읽고 있는 것이었다. 하지만 지금이라도 늦지 않았다고 생각한다. 앞으로라도 올바른 선택을 하면 되는 것 아닌가? 그러기 위해서는 책을 정말 많이 읽어야 한다. 어떤 상황이 내게 닥칠지 모르기에 많은 책을 읽어, 내가 잘못 선택할 확률을 줄여야 한다. 지금이야 초반이니 너무도 재미

있게 책을 읽고 있지만 언젠가는 정체기가 올 것이고 나태해질 수도 있다. 하지만 그 순간만 극복하게 되면 나는 정말 책을 많이 읽고, 성공할 수 있을 것이다.

그동안 내가 살아온 방식은 잘못되었다. 드림벙커 수업이 진행되면 진행될수록 나는 점점 변해갔다. 세상을 바라보는 관점이 바뀌었고, 생산자들이 나를 어떻게 속이고 있는지 깨닫게 되었다. 책 읽고 글을 쓰는 것이 얼마나 중요한지 뼈저리게 느끼게 되었다.

나는 내가 잘 살고 있다고 생각했지만, 사실은 그저 현실에 안주하고 나태하게 살아온 것이었다. 언제나 나에게 선택의 기회는 있었다. 그 순간의 선택들이 모여 지금의 나를 만든 것이다. 세상의 많은 사람들이 자신은 불행하다고 하지만, 사실은 불행한 것이 아니라 자신이 과거에 했던 선택들에 대한 대가를 치르고 있는 것이다. 이 원리를 지금이라도 알게 된 것에 너무 감사했다. 책을 많이 읽으면 올바른 선택을 할 수 있을 것이라 믿어 의심치 않는다.

내가 법원을 가다니.

나는 평소 부동산 경매에 관심이 있었다. 드림벙커를 시작한 계기로 처음에는 부동산 경매 관련 책을 위주로 읽었다. 어느 분야의 책이던 5권만 읽으면 그 분야에 전문가가 된다던 리치비님의 말씀을 듣고 경매 관련 도서 5권을 선정해 열심히 읽었다.

'부동산 경매라는 것이 이렇게 쉬운 것이었던가?' 5권을 다 읽고 나니 이런 생각이 들었다. 당장이라도 법원에 달려가서 낙찰을 받을 수 있을 것만 같은 느낌이 들었다. 관련 책 5권을 읽기만 해도 이 정도의 관련 지식이 쌓이다니 놀라웠다. 그동안 어려울 것이라는 막연한 생각에 시작조차 하지 않았던 내 모습이 떠올라 부끄러웠다.

얼마 후 나는 당직근무 후 휴무일을 활용해 경매 일정이 맞는 인천지방법원 본원을 다녀왔다. 경매법원의 분위기는 어떤지 느껴보고 싶었다. 마침 아내가 오후 출근인 날이라 함께 법원으로 갔다. 법원에 도착해서 정말 깜짝 놀랐다. 평일인데도 경매법원이 사람들로 북적이는 것을 보니 나는 우물안 개구리였다. 경매법원 입구에서부터 사람이 정말 많았고, 내부에는 사람이 거의 꽉 차 있었다. 과연 내가 저 많은 사람들과 경쟁해서 낙찰받을 수 있을까? 라는 생각이 들었다.

내 인생 첫 법원 방문이었다. 마음 한구석에는 두려움이 슬쩍 고개를 내밀었지만, 다른 한구석에는 더욱 자신감이 솟았다. 마음만 먹으면 물건을 낙찰받을 수 있을 것만 같았다. 감사하게도 리치군인 카페의 자유시간 투자자(이하 자투)님께서 진행하는 경매스터디에 참여할 수 있게 되었다. 자투님과 함께 10주간의 스터디를 진행하며 많은 것들을 배울 수 있었다.

매주 모의 입찰을 진행하며 4~5건의 물건은 내가 실제 낙찰가보다 조금 더 높은 가격을 써내 아슬아슬한 차이로 낙찰이 가능했다. 내가 정말 경매에 참여했다면 그 물건을 그 가격에 낙찰받았을 것이라 생각하니 더욱 자신감이 샘솟았다.

그렇게 입찰보증금 7,080만 원을 수표로 찾았다. 마음에 드는 물건이 경매에 나와, 한번 질러보자는 생각으로 경매법원으로 향했다. 해당 물건은 성북구 돈암동에 위치한 한신한진 아파트로 서울북부지방법원에서 경매가 진행됐다.

하지만 법원으로 가는 도중 교통사고가 났다. 그 사고 때문에 실제 입찰에 참여하지는 못했지만, 추후 입찰 가격을 확인해보니 내가 생각했던 가격보다 훨씬 높은 금액에 낙찰되었다. 입찰조차 못해본 것은 아쉬웠지만, 그것은 내 물건이 아니었구나라고 생각했다. 경매는 앞으로도 계속 도전할 생각이다.

대출은 타임머신 비용이다.

"대출은 타임머신을 이용하는 것이다."

이 말은 리치비님이 하신 말씀 중 내가 가장 공감하는 말이다. 대출을 일으키는 것은 미래의 나에게 타임머신 비용(이자)를 내고 빌려오는 것이다. 생각해보라. 타임머신을 고작 이자 정도의 비용을 통해 이용할 수 있다면 이를 활용하지 않는 것이 오히려 바보 같은 선택이 아닐까? 안정된 담보, 대출 유지능력을 바탕으로 소비재가 아닌 자산에 투자한다면 대출은 너무나도 훌륭한 레버리지 수단이다.

24년 7월 말 주식시장에는 공포스러운 하락장이 찾아왔다. 리치비님이 본격적으로 투자를 시작하셨다. 하락장에 미국주식(지수추종 ETF)을 매수해야 한다고 계속해서 이야기 하셨다. 현재 본격적인 하락장의 초입이며 매주 같은 날 같은 시간에 분할로 매수하면 된다고 하셨다. 이 원리를 증명하기 위해 투자하는 과정을 12주간 매주 정해진 시간에 주식을 구매하고 인증글을 올리셨다.

나도 따라서 매수를 시작했다. 지금이 찬스라고 생각한 나는 신용대출, 퇴직금 담보대출을 받아 미국주식에 투자했다. 나의 신용과 퇴직금은 내가 군생활 하는 동안에는 계속 유지되는 것이며 그것의 유지비용도 충분히 감당 가능하기 때문에 아주 건전한 투자라고 생각했다.

현재 나는 총 투자한 금액의 50%인 약 4천만 원 정도의 수익을 보고 있다. 정말 단기간에 내 연봉의 80%에 해당되는 금액을 벌었고, 수익은 지금도 계속해서 늘어나고 있다. 내가 만약 대출을 이용하지 않았다면, 내 수익은 지금의 절반에도 미치지 못했을 것이다.

리치비님께서는 대출을 실행해서 주식에 투자하는 행위는 알려줘도 아무나 쉽게 실행하지 못하는 행동이라고 하셨다. 내가 리치비님의 부자군인 설계도 초판을 보지 않았다면, 대출을 받아 미국 주식에 투자하는 것은 불가능한 일이었다.

내가 변한 것이 가장 큰 성공

나는 아직 뚜렷한 성공사례는 없다. 하지만 몇 년 안에 부동산를 매수(경매)하고 단기임대, 이커머스 사업 등 돈이 나를 일하게 만드는 시스템을 구축하는 것에 최선을 다할 것이다.

나는 이미 성공했다. 2024년 리치비님을 만나 나 자신이 변화하기 시작했기 때문이다. 이제 내가 성공하는 것은 시간문제다. 실행력만 있다면 문제 될 것은 없다.

앞으로도 계속 책을 읽고, 글을 쓸 것이다. 그 무엇이라도 계속해서 시도한다면 성공하지 못할 일은 없다. 이것만은 확신한다. 우연한 기회로 시작해서 내 자신의 변화의 계기를 마련한 2024년은 내 인생의 전환점이다.

지금도 늦지 않았고, 누구나 할 수 있다. 복리 공식 중 '시간의 복리'를 이용하려면 최대한 빨리 시작하는 것이 좋다. 지금 망설이고 있다면 머릿속에 잡생각은 다 집어치우고 일단 실행해보기 바란다. 단기간에 변화한 스스로의 모습을 발견할 것이다.
그리고, 결국 성공한 나를 마주할 것이다.

제 2 장

나는 돈의 주인이다.

매달 월급을 받아 멋지게 쓰는 것이 돈의 주인이라 생각했다. 그러나 자본주의에서 금융문맹인 나는 그저 일개 소비자일 뿐이었다. 자산이 없어 결국 돈의 노예가 될 수 밖에 없는 내 미래를 바꿔야만 했다. 그렇지 않으면 돈 문제는 평생 나를 따라다니며 괴롭힐 것이 분명했다.

네이버 카페 리치군인
함께 하는 재테크 스터디

#자본주의 #독서 #부동산 #경매 #짠테크 #주식 #이커머스

돈 문제를 해결한 두아이 아빠

신대호

작가 소개

신대호

육군사관학교 졸업, 고려대 임상 및 상담심리학 석사,
(현) 대안학교 교육전략팀

두뇌가 발달하여 쉽게 공부하고, 신체가 건강하며
인성과 정서가 바른 학생으로 자라는
교육을 연구하는 교육자

두 아이 아빠, 전역을 꿈꾸다

　이 글은 전역을 고민했을 당시 군인공제회 2천만 원이 전부였던 두 아이의 아빠이자 육군 소령이 경제에 관심을 가지고 공부하며 투자하기 시작하여, 2년이 지난 지금은 10억대의 자산과 월 천만 원의 현금흐름을 만들고 전역하여 꿈을 이루고 있는 이야기입니다. 저와 같이 전역 후 새 여정을 시작하는 군인들이 경제적인 고민에서 벗어나는 데 도움이 되길 바라며 이 글을 썼습니다.

　군인은 명예롭고 훌륭한 직업이지만, 언젠가는 누구나 전역을 하게 됩니다. 정년이 되어서 전역을 하는 사람도 있고, 저와 같이 자신의 꿈을 향해 조기 전역을 하는 사람도 있습니다. 그러나 전역을 앞두고 홀가분하게 걱정 없이 전역을 하는 사람들은 군 생활을 하는 동안 거의 보기 힘들었습니다. 저 또한 마찬가지였구요. 그래서 제가 전역을 결심하고 준비해서 전역하기까지 모든 부분을 글에 다 담을 수는 없지만, 많은 사람들이 가장 크게 고민하는 경제적인 부분을 중심으로 이야기를 하겠습니다.

　군 생활 내내 저는 경제 무지렁이였고 겉멋만 든 가짜 부자였습니다. 이는 사관생도 시절부터 시작된 습관에서 비롯되었습니다. 사관생도 시절 품위유지비를 받으면 내가 만수르라도 된 것처럼 항상 비싼 식당을 가고, 사고 싶은 것은 다 샀습니다. 지금의 아내와 생도 때부터 사귀었었는데, 항상 가장 좋은 식당이나 가장 좋은 곳을 찾아갔고 기념일마다 비싼 것들을 선물해 줬습니다.

그러나, 제 현실은 품위유지비가 들어오면 주말마다 여자 친구를 위해 돈을 쓰고 몇 주가 지나면 돈이 없어져서 다음 데이트는 어떻게 하지 고민을 하던 가짜 부자였습니다. 제가 가진 돈만 썼으면 다행이었을 텐데, 처음 사귄 여자 친구라는 이유로 돈이 없을 때에는 아버지에게 결혼이라는 숭고한 이유를 들어 아버지의 돈도 가져다가 썼습니다.

이 습관이 임관 후에도 계속되어서 저는 항상 월급을 받으면 마치 이재용 부회장(삼성그룹)이 된 것처럼 돈을 펑펑 썼습니다. 그나마 술과 담배를 하지 않아서 남처럼 유흥에 쓰는 돈은 없었지만, 그걸 자기 위안 삼으며 아내를 위해, 그리고 그 당시 즐겨 했던 게임에도 돈을 아끼지 않았습니다. 그러다 보니 당연히 월급을 받고 몇 주가 지나면 제 통장에는 돈이 없었습니다.

생도 시절에는 결혼을 빌미로 아버지에게 도움을 요청했지만, 임관 후에는 이미 결혼을 약속한 상태라 그럴 수도 없는 상황이었습니다. 여기서 돈이 없는 채로 멈췄으면 좋았겠지만, 저는 다음 월급을 볼모로 삼아 신용카드를 쓰게 되었습니다. 그리고 신용카드 한도가 꽉 차게 되면 엄청난 이자가 붙는 리볼빙도 사용하게 되었습니다.

그리고 리볼빙으로 쌓인 금액과 이자는 성과상여금, 명절상여금 등으로 갚아 나갔습니다. 그렇게 신용카드 빚이 없어지는 날이면, 저는 다시 세상의 돈을 내가 다 가진 것처럼 돈을 쓰기 시작했습니다. 세 살 버릇 여든까지 간다고, 이 습관은 당연하게도 결혼 후까지 이어졌고 숫자를 싫어하는 아내가 저에게 경제권을 맡기면서 저는 제 경제 습관이 파국으로 가는 길인지도 모른 채 실제는 거지면서 겉으로는 부자인 척 살았습니다.

그러다 보니 순간순간은 즐거웠습니다. 위탁교육 기간에는 방학 때마다 미국, 유럽, 필리핀 등을 갔다 오면서 내가 잘 살고 있다고 생각했습니다. 집을 사거나 부자가 되는 것은 제가 진급하고 월급이 오르면 자연스럽게 될 줄 알았습니다. 그리고 연금도 나올 테니 전혀 걱정이 없다고 생각했습니다.

여기까지 읽으셨을 때, 당신의 모습과 비슷하다고 생각하시는 분은 잘 오셨습니다. 사실 저도 이러한 모습이 저만의 모습이라 생각했는데, 나중에 전역하고 사람들과 이야기해 보니 대다수가 저와 비슷한 삶을 살고 있었습니다. 그래서 그런 당신을 위해, 당신과 비슷한 삶을 살았던 제 이야기를 준비하게 되었습니다.

결국 돈이 없더라

그렇게 부자인 줄 착각하고 살고 있던 제가 전역을 고민하게 되었습니다. 사실 전역 고민은 임관 후 소위 시절부터 했지만, 의무 복무가 끝나는 시점이 되자 더욱 진지하게 제대로 된 고민을 하게 된 것이지요.

저는 아무런 꿈이 없을 때 아버지의 권유에 의해 사관학교를 진학하게 되었고, 그렇게 군 생활을 시작하였습니다.

군 생활을 하는 동안 아내를 만나 결혼도 하고, 좋은 멘토들을 만나서 인격적인 성장도 할 수 있었던 것은 정말 감사한 일이었습니다. 하지만 이제는 제 꿈이 생겨 전역을 해야겠다는 결심을 했습니다. 나중에 또 책을 쓰게 되면 자세히 말씀드리겠지만 저의 꿈은 세계 최고의 보육원을 만들어서 고아들이 행복하게 자라도록 돕는 것입니다.

아내에게 정말 진지하게 전역을 하고 싶다고 이야기를 했습니다. GOP근무로 몰골이 말이 아닌 상태에서 말해서 그런지 예상 외로 아내가 흔쾌히 찬성을 해 주었습니다. 신이 났습니다. 그러나 세부적인 이야기를 해 보니 결국 돈이 문제였습니다. 우리 가족은 전역하고 새로운 삶을 꿈꿨으나 돈이 없다는 현실 문제에 부딪혔습니다.

12년 만에 아내의 전역 승인을 받은 저는 이 일생일대의 기회를 놓칠 수 없었습니다. 그래서 내 전역의 유일한 걸림돌인 '돈'과 승부를 보기로 했습니다. 수능 입시 이후 처음으로 무언가에 최고의 열정과 노력을 쏟았습니다..

먼저 내가 주변에 알고 있는 친한 사람 중에 가장 돈을 잘 알고 있는 친구에게 연락했습니다. 증권회사에서 10년간 근무하며 항상 최고의 성과를 올리던 친구였습니다.

그동안 돈에 대해 큰 관심이 없었지만, 제 마음이 절박하자 이 친구의 모든 말들이 귀에 쏙쏙 들어왔습니다. 이 친구는 저에게 자본주의의 기본 원리와 자산의 종류, 투자에 대한 내용들을 설명해 줬습니다. 아내와 같이 이 이야기들을 들으며, 제가 그동안 헛살았다는 것을 깨달았고 더 이상 이렇게 살면 안되겠다는 강한 생각이 들었습니다.

사실 저는 돈에 대한 트라우마가 있었습니다. 어릴 적에 어머니의 사업이 잘되어서 큰 부자로 살다가 파산을 당해서 힘들게 살아본 경험이 저의 뇌리에 깊숙이 박혀서, 돈을 가까이 하면 좋지 않다는 생각이 컸습니다. 아마 그래서 더 돈을 직면하지 않으려 하고 회피했었던 것 같습니다.

그런 생각을 가지고 있었기에 사실 아내가 오래 전부터 서울에 집을 사자고 했을 때에도 별다른 생각 없이 아내의 말을 듣지 않았습니다. 그때 아내 말만 들었어도 더 편하게 전역할 수 있었을 텐데 말이죠. 앞서 말씀드렸다시피 절체절명의 순간이 오자 나의 두려움 앞에 맞서자는 결심을 했고, 감사하게도 친구의 도움으로 제 트라우마는 조금씩 깨지기 시작했습니다.

그때부터 아내와 함께 책을 읽기 시작했습니다. 돈에 대한 무지함에서 깨어났으니 이제는 돈에 대한 지혜를 쌓기 위해서였죠. 시간이 날 때마다 아내와 같이 도서관에 가서 경제 관련 서적들을 빌려와서 읽었습니다. 한 권, 두 권, 50권, 100권, 책을 읽을수록 제가 알고 있던 세상이 깨져 갔습니다. 자본주의 세상에서 투자를 하지 않는다면 생존을 포기한 것과 마찬가지임을 깨달았고, 대출은 어떻게 쓰느냐에 따라 무조건 위험한 것이 아닌 나를 더 높은 곳으로 올려주는 수단임을 깨달았습니다.

가장 좋았던 것은, 아내와 같은 책을 읽고 이야기를 하니 경제에 대한 가치관과 생각이 비슷해져서 대화가 너무 잘 통했던 것입니다. 원래도 국내에서 사이 좋기로 유명한 부부였는데, 경제라는 분야에서 가치관이 같아지고 소통이 되자 세계적으로 사이가 좋은 부부로까지 진화했던 것입니다. 이 책은 경제 분야에 중점을 둔 책이라 이 부분에 대해서 여기서 깊이 있게 쓰기는 어렵지만, 사실 경제를 공부하면서 얻은 가장 큰 소득은 경제 분야에서 '아내'라는 소중한 파트너가 생긴 것이었습니다.

그렇게 큰 깨달음과 지혜를 쌓아가면서 실제 부자인 사람을 만나고 싶은 열망이 생겼습니다. 제 친구는 경제 지식을 잘 알고 투자도 하는 친구였지만 큰 부자는 아니었기 때문입니다.

부의 열쇠를 만나다

　제 주변에는 실제 부자가 없었기 때문에 무작정 인터넷을 뒤졌습니다. 수많은 경제 책을 읽고 나자 신기하게도 인터넷에 있는 글들의 내용이 참인지 거짓인지 구분할 수 있게 되었습니다. 대부분의 내용들이 거짓이거나 그다지 높은 수준의 글이 아니었습니다.

　그러던 중 우연히 어떤 분의 블로그를 보게 되었습니다. 그분의 글을 보는 순간, '아, 이거다!' 라는 생각이 들었습니다. 단숨에 블로그의 모든 글을 읽고 그분께 댓글을 남겼습니다. 제가 어떤 사람인지, 왜 연락하게 되었는지, 그분께 경제를 배우고 싶다는 말을 남겼습니다.

감사하게도 그 멘토님은 그 당시 경제모임을 만드려고 하시던 중이었고, 저는 그 모임의 시작을 함께 할 수 있게 되었습니다. 그리고 그때부터 제 부의 추월차선은 고속도로가 되었습니다. 그동안은 제가 많은 책을 보고 지혜를 얻었음에도, 막상 결정을 할 때에는 두려움과 걱정으로 인해 결정을 못하고 망설였습니다.

그러나 멘토님을 만나고, 멘토님을 비롯하여 뜻을 함께하는 멤버들과 모임을 하게 되면서 제가 생각하고 실천하려는 부분들에 대하여 검증과 조언을 받을 수 있게 되었고, 충분한 검토와 확신을 가지고 실행을 할 수 있게 되었습니다.

마치 영화 '아이언맨'의 '자비스'와 함께하는 느낌이었습니다. 실제 오랜 기간 저보다 많은 책을 읽고 투자를 오랫동안 해온 분들과 이야기하며 더 많은 지혜를 얻게 되었고, 실제 투자의 영역에서 실전적인 경험을 전수받으며 도움을 받을 수 있었기 때문입니다.

가장 먼저 실천한 것은 자녀 주식계좌 개설과 투자였습니다. 제가 버는 돈으로 자녀의 대학 등록금과 결혼 자금 등을 지원하려면 너무나 어렵다는 것이 명백하였습니다. 그래서 자녀들 주식계좌를 개설하고 그동안 자녀들의 용돈을 모아놨던 것들을 다 미국주식에 투자하였습니다.

2023년 말, 대다수의 언론과 사람들이 경기침체가 온다고 말하며 투자를 하지 마라고 할 때 멘토님과 함께 공부하는 멤버들은 코로나 시절 투자했던 경험과, 미국의 다양한 지표들을 근거로 지금이 투자하기 좋은 시기라고 말씀해 주셨습니다.

그리고 그동안의 공부를 통해 참과 거짓을 구분할 수 있게 된 저는 그 말을 들은 뒤 자녀들 주식계좌를 만들고 과감하게 투자하였습니다..

이 때 투자한 주식들은 다 2배 이상이 올라 자녀들을 저처럼 가짜 부자가 아닌, 진짜 부자로 만들어 주고 있습니다. 또한 자녀의 주식뿐 아니라 저희 부부도 주식에 투자하여 계속해서 불어나고 있습니다. 저희 아버지를 비롯하여 주식 때문에 큰 마음의 상처를 받은 분들은 과거 저에게 '돈'이라는 단어가 트라우마를 가져다 주었듯 주식이라는 단어가 두렵고 무섭게 들리실 수 있겠지만, 미국 주식을 장기적인 관점에서 공부하고 장기 투자를 한다면 그것이 두려움의 단어가 아닌 나의 반려 단어가 될 수 있습니다.

주식 투자를 한 뒤 제 잉여 현금을 꾸준히 성장하는 자산에 투자하는 재미를 알게 되었고, 그로 인해 카페나 식당, 배달 음식 등 돈이 없어지는 소비를 거의 하지 않게 되었습니다. 돈이 어디에 쓰이냐에 따라 더 크게 불어날 수도, 한 순간의 즐거움으로 사라질 수도 있다는 차이를 실감하면서, 만수르처럼 살던 제가 무분별한 소비를 줄이고 꼭 필요한 곳에만 돈을 쓰며 나머지는 장기적으로 우상향하는 자산에 투자하는 사람이 되었습니다.

두 번째는 블로그를 쓰고 전자책을 작성한 것입니다. 이는 직접적인 소득을 가져다 준 건 아니지만 저에게 가장 큰 기회를 가져다주었습니다. 블로그에 제가 관심 있는 분야인 교육 분야에 대한 글을 쓰게 되면서 제가 하고자 하는 일을 확실하게 정립하며 제 자신을 브랜딩할 수 있었고, 전자책을 작성하면서 누군가에게 저의 생각을 소개하는 데 큰 도움이 되었습니다.

그 결과, 블로그와 전자책을 토대로 사업계획서를 쓰고 창업이라는 분야도 도전할 수 있었고, 최종적으로는 지금 일하고 있는 곳과 연결되어서 제가 꿈꾸는 일을 할 수 있게 되었습니다.

우리는 보통 전역을 할 때 세상이 정해놓은 틀대로 다음 직업을 찾다 보니 전역 후의 삶을 설계하는 것이 너무 어렵습니다. 그렇게 직업을 구하다 보면, 우리가 군대에 있었던 짧으면 10년, 길면 30년 동안 수많은 경험을 하고 자격증을 가진 사람들에게 밀려서 내가 정말 원하는 직업을 가지기가 어렵습니다.

그러나, 책을 읽고 글을 쓰면서 자신의 강점과 이야기를 풀어내다 보면 남들과 똑같은 길에서 달리지 않고 전혀 다른 차선에서 자신이 원하는 일을 할 수 있게 됩니다. 그런 방식으로 저도 전역하면서 보통의 상식으로는 생각할 수 없는 곳에서 제가 원하는 일을 하며 돈도 충분히 벌 수 있게 되었습니다.

세 번째는 단기 임대 사업에 도전했습니다. 에어비앤비와 다르게 일주일 단위의 임대 사업인 '삼삼엠투'를 통해서 월 단위 순수익을 발생시킬 수 있었습니다. 삼삼엠투를 운영한 지 이제 약 1년이 되었는데, 대부분의 기간 동안 만실을 기록하며 서울의 중심지역에서 1위를 유지하며 현재까지도 잘 운영되고 있습니다.

네 번째는 온라인 쇼핑몰을 하게 되었습니다. 온라인 쇼핑몰을 접하고 나서 공부를 하고 진행한 결과, 처음에는 월 매출 100만 원도 어려웠지만 지금은 월 매출 2,000만 원 이상을 기록하고 있으며 매출은 계속해서 늘어나고 있습니다. 쇼핑몰은 단순히 물건을 싸게 사서 판매하는 것에 그치지 않고, 지금은 저희만의 상품을 제작하는 단계에까지 이르렀습니다. 더 나아가 정부 지원 사업까지 확장을 하고 있는 단계입니다.

마지막으로는 서울 아파트 분양을 받았습니다. 이는 10년 이상 복무 군인 특별 분양으로 받았는데, 그 당시 고가 분양 논란으로 대부분의 사람들이 지원 자체를 안 하는 상황에서 거의 1:1의 경쟁률로 분양을 받았습니다. 당시 부모님을 비롯하여 주변의 모든 사람들이 분양가가 너무 높다는 이유로 만류를 했지만, 멘토님께서 향후 부동산 가격은 계속 오를 것이고 지금의 분양가는 충분히 낮은 수준이라는 말씀을 해 주셔서, 확신을 가지고 포기를 하지 않게 되었습니다. 그 결과, 현재는 분양가 대비 최소 3억 이상의 잠재 수익을 가져다 주었습니다. 이 아파트는 전세를 주고 가지고 있다가 나중에 매도할 예정입니다.

　매도 후에는 리치군인 카페를 통해 임장한 아파트 중에서, 가장 사고 싶었던 상급지 아파트로 갈아타기를 할 예정입니다. 그 이후 오피스텔 임대사업자를 내서 다주택자로 월세를 받는 파이프라인을 만들 계획을 가지고 있습니다.

하면 된다.

이 모든 일을 시작할 때, 제 머릿속에는 오직 '하면 된다' 라는 생각밖에 없었습니다. 사실 군대에서 항상 '하면 된다' 라는 말을 들었을 때에는 잘 와닿지 않았습니다. 그러나 제가 책을 계속 읽자 자연스레 생각이 변하게 되었고, '하면 된다' 라는 생각을 가지고 실제 실행을 하자 진정한 의미의 '하면 된다' 를 마음 깊이 깨닫고 느끼게 되었습니다.

'삼삼엠투' 라는 단기 임대를 도전할 때도, '온라인 쇼핑몰' 을 도전할 때에도 '안 된다' 라는 것은 제 머리에 없었습니다.
그 결과, 전역을 고민하던 시점에서 2년이 지난 지금 저는 믿을 수 없는 변화를 겪고 돈 걱정을 하지 않고 살게 되었습니다. 오히려 더 많은 것을 할 수 있다는 생각이 가득합니다.

그러나 저도 처음부터 그랬던 것은 아닙니다. 오히려 군 생활 내내 '나는 절대 부자는 될 수 없다' 는 생각을 가지고 살았습니다. 그랬기에 '어차피 부자가 되지 못할 것이니 지금 부자 흉내라도 내보자' 라는 생각으로 더 돈을 많이 쓰고 살았는지도 모르겠습니다.

어떤 사람은 제 이야기를 들으면서 '그래, 나도 해보자' 라는 생각을 하고, 또 어떤 사람은 '아니야, 저건 남의 이야기야'라는 생각을 가지기도 할 것입니다. 저도 한때 누군가의 성공 스토리는 나와 상관없는 남의 이야기로 생각하고 살았기에 그 마음을 잘 이해합니다.

그렇기에 저와 같이 생각했던 사람들에게 조금이라도 도움을 드리고자 제가 경험을 통해 얻은 몇 가지 팁을 드리겠습니다.

먼저, 정말 하고 싶은 것을 찾으셔야 합니다. 저는 세계 최고의 고아원을 너무 만들고 싶었고, 그것을 위해 교육 사업을 하고 싶었습니다. 그 일이 너무 하고 싶으니 다른 일들은 제게 더 이상 넘을 수 없는 벽이 아니라, 반드시 극복해야 될 문제들이 되었습니다. 그리고 하고 싶은 것이 생기니 절박함도 생겼습니다.

그러자 그동안 똑같이 봐 오던 경제에 대한 관점이 전혀 다르게 보이고, 앞서 말씀드린 것처럼 저를 가르쳐 줄 사람을 찾고, 책을 읽고, 멘토를 찾게 되었습니다.

즉, 정말 하고 싶은 것을 찾으면 내 마음이 움직이고 행동이 생기게 됩니다. 정말 하고 싶은 것을 찾기가 쉽지는 않을 텐데, 저희 모임에서 읽었던 '무자본으로 부의 추월차선 컨텐츠 만들기', '프로세스 이코노미', '퍼스널 브랜딩' 이 3가지 책을 읽어 보시는 것을 추천드립니다. 특히 '무자본으로 부의 추월차선 컨텐츠 만들기' 책에 있는 내용들을 따라해 보면 내가 뭘 좋아하고 싫어하는지 명확하게 구분할 수 있게 되어 좋습니다.

그 다음은 책을 읽으셔야 합니다. 책을 읽게 되면 먼저 깊이 있는 지식과 지혜를 갖게 됩니다. 그렇게 되면 정확히는 아닐지라도 어느 정도 어떤 걸 해야 할지 말아야 할지 감이 생깁니다. '삼삼엠투', '온라인 쇼핑몰', '주식투자' 등 멘토님이 많은 것을 알려주셨지만 그것을 다 한 사람은 많지 않습니다.

제가 주식 투자를 많은 사람들에게 알려줬지만 실제 실행하는 사람은 단 2명밖에 없었습니다. 그 2명은 많은 수익을 봤고요. 누군가 좋은 것을 알려주더라도 그게 좋은 것인지 구분할 수 있는 지혜가 있어야 합니다. 이를위해 책을 많이 읽으셔야 합니다.
어떤 책을 읽어야 하냐고 질문을 많이 하는데, 어렵게 생각하지 말고 도서관에 경제 분야 서가로 가서 끌리는 제목이 있으면 그 책을 집으시고 몇 장 읽어 봤을 때 재밌으면 계속해서 읽는 것을 추천합니다. 아무리 좋은 것이라도 재미가 없으면 지속하기 어렵습니다.

이런 식으로 책을 여러 권 읽다 보면 공통된 내용들이 발견되고, 다양한 정보들이 머릿속에서 재배합되고 연결되면서 경제라는 분야의 프레임을 점차 형성하게 됩니다. 그러면 그때부터는 내가 어떤 분야를 더 읽어야 할지, 어떤 분야에더 관심 있는지 보이면서 깊이 있는 독서가 가능하게 됩니다.

마지막으로는 '하면 된다'라는 생각을 가지고 실천하는 사람들이 옆에 있어야 합니다. 공부를 잘하려면 좋은 선생님이 옆에 있어야 하듯이, 부자가 되려면 부자가 옆에 있고 배워야 합니다. 부자의 마인드를 가진 사람이 옆에 없고, 부자가 아닌 프레임으로 가득 찬 사람들 속에서 지낸다면, 나 홀로 발버둥 치더라도 나의 생각이 자꾸 왜곡됩니다. 그렇기에 나의 생각을 계속 깨워줄 수 있고 함께할 수 있는 사람들이 필요합니다.

가장 좋은 건 배우자니 가족입니다. 아내와 같이 책을 읽고 공부를 하다 보니같은 생각과 가치관을 공유하게 되었습니다. 매일 함께하는 사람이 같은 방향을 바라보니 마치 엔진이 여러 개 달린 제트기처럼 계속해서 생각이 발전하고 앞서 나가게 됩니다. 또한, 가끔 제가 다시 예전 생각과 습관의 모습을 보이면 아내가 그걸 잡아주고 서로 독려하면서 다시 나아갈 수 있었습니다.

그렇지 못했을 때는 제가 함께 공부하는 좋은 모임을 만났듯이 주변에 그런 모임을 찾아서 함께 하는 게 좋습니다. 다만, 진정한 지혜를 가지고 사기를 치지 않으면서 모임을 하는 곳을 찾기는 어렵습니다. 그렇기에 그런 모임을 잘 찾아서 계속해서 생각의 틀을 유지하는 일을 하시길 바랍니다.

모두가 자유로운 삶

　어렸을 적 제 생각은 자유로웠습니다. 저는 언제든 대통령이 될 수도, 국방부 장관이 될 수도, 세계 최고의 부자가 될 수도 있었습니다. 그러나 커나가면서 제 생각은 점점 틀에 갇히게 되었습니다.

　내가 원하는 방식으로 내가 하고 싶은 걸 생각하기보다는, 주변의 생각에 휩쓸려서 주변 사람들이 생각하고 원하는 방식에 맞춰서 내 생각이 점점 좁아졌습니다.

　그렇게 되자, 어느 순간부터 저는 그 생각대로만 살게 되었습니다. 항상 내가 원하는 일을 하고 싶지만, 그건 불가능하다고 생각했고 항상 내가 어쩔 수 없이 희생하며 살아야 한다고 생각했습니다. 특히 가족이 생기자 그 책임감이 족쇄가 되어 계속 이렇게 살아야 한다는 생각을 했습니다. 그러나 환경이 문제가 아니었습니다.

　제 생각이 문제였습니다. 하고 싶은 것을 찾고, 책을 읽고, 깨어있는 사람을 만나면서 제 생각은 깨어나기 시작했고 다시 어릴 적처럼 자유로워졌습니다.
　생각이 자유로워지자 제가 할 수 있는 것들도 자유로워졌습니다. 지금도 이미 예전의 저는 생각조차 할 수 없었던 삶을 살고 있지만,

앞으로가 더 기대됩니다.

앞으로의 삶은 더욱 자유롭고 즐거울 것이기 때문입니다. 그리고 이는 저뿐만 아니라 제 가족도 마찬가지입니다. 제 가족은 저보다 더 보수적이고 위험을 회피하는 성향이어서 특별한 일을 하지 않던 사람이었으나, 지금은 매일 무엇인가를 시도하고 다양한 사업을 하면서 경제적·시간적 자유를 얻고 있습니다.

누구보다 평범한 주부로 살던 제 아내였지만, 저와 마찬가지로 꿈을 꾸고 실행하면서 뭐든지 이뤄 나가는 사람이 되었습니다. 저와 아내의 이야기는 위인전이나 특별한 사람의 이야기가 아니라, 지금 이 글을 읽는 평범한 여러분의 이야기입니다.

저는 지금도 즐겁고, 앞으로도 더 즐거울 것이지만 저만 그렇게 살고 싶지 않습니다. 많은 분들이 함께 자유로운 삶을 살면 좋겠습니다. 제가 세계최고의 고아원을 만드려고 하는 이유도 어릴 적부터 생각의 틀이 갇히지 않고, 계속해서 확장해 나가면서 본인이 하고 싶은 일을 하며 모두가 행복하고 자유로운 삶을 사는 사람들을 계속해서 만들고 싶기 때문입니다.

제 주변의 평범한 사람 중 제 말을 들었던 2명의 친구와 후배도 지금은 다른 삶을 살고 있습니다. 친구는 은행에 돈을 맡기고 투자를 모르며 살았는데, 투자를 알게 되고 책을 읽으면서 눈을 뜨게 되어

지금은 자신만의 사업을 하고 있습니다.

또 다른 후배는 분양받은 아파트의 잔금 납부를 고민하고 아내의 박사 학위 학비를 걱정하면서 학위 취득을 뒤로 미룰 것까지 생각했었는데, 지금은 그 두 가지를 모두 여유 있게 할 수 있는 돈을 가지고 그 이상을 하고 있습니다.

다시 한번 말하지만, 이는 특별한 사람의 이야기가 아닙니다. 그냥 여러분과 여러분 옆에 있는 사람들의 이야기입니다. 여러분도 자유롭게 살 수 있습니다. 한 번만 지금까지의 삶의 틀을 의심해 보고 자신의 생각을 전환해 보면 됩니다.

그렇게 된다면 여러분은 더 이상 전역 후 제2의 인생을 어떻게 살아야 할지 고민만 하는 사람이 아닌, 명예로운 군 생활을 마치고 더욱 즐거운 삶을 기대하는 자유로운 사람이 될 것입니다. 군 생활로 고생한 전우들이 함께 보상받고 제2의 삶을 멋지게 살길 바라며 이 글을 맺습니다.

독서로 만든 평생 파이프라인

최용근

작가 소개
최용근

대한민국 육군 상사.
군대 봉급과 재테크로 부를 이루었으며
세상의 흐름을 읽고, 그 속에서 자신만의 길을 만들어
가는 중이다.
끊임없이 배우고 도전하는 삶, 더 큰 목표를 향해 꾸준히 정진하고 있다

돈을 원망했던 학창시절

　나는 평범한 집안의 평범한 학생이었다. 우리 집은 결코 누구나 말하는 부자는 아니었고 그렇다고 중산층도 아니었다. 그 사실을 깨달을 철이 들어갈 즈음 나는 하나둘 포기해야 한다는 것을 느꼈다. 그나마 초등학생 때까지 아버지는 보험회사에서 잘나가던 직장인이셨다. 평범한 집안의 평범한 아버지께서는 사업을 해보겠다고 하신 후 집안의 가세가 기울어가기 시작했다.

　집을 이사해야 했고 살던 동네에서 다른 동네로 다른 동네 아파트에서 다른 동네 월세 빌라로 그렇게 우리 집안은 점점 가난해졌다. 학생 때 옷을 사고 신발을 사고 친구들과 놀러 다니고 멋을 부리고 싶었지만, 사정을 알기에 말씀드릴 수 없었다.
　핸드폰 요금도 몇 달 밀려 식당일을 하시던 어머니가 내주시고, 함께 집으로 걸어가던 길에 나는 속으로 다짐했다. '내가 돈을 벌면 어머니에게 매달 일정 금액을 드리고, 고생도 안 시켜 드리고, 효도해야지.'라고 생각했다.

　어느덧 고등학생이 되었고, 고3 때 나는 4년제 대학을 여러 군데 붙었지만, 우리 집안 형편을 잘 알고 있었다. 어느 날 어머니께서 군사학과에 가는 게 어떻겠냐고 말씀하셨다. 군사학과에 가면 장학금도 주고, 장학금으로 학비를 낼 수 있으며, 나중에 직업 군인까지 할 수 있다는 것이었다.

그렇게밖에 말할 수 없었던 어머니도 얼마나 마음이 아프셨을까. 대학 진학을 포기하고 돈을 일찍부터 벌어 볼까는 생각도 했지만, 어차피 군대 가야 하는 거 간부로 가서 돈도 벌고 의무복무도 마쳐야겠다고 생각했다. 내가 이렇게 군대에 가게 된다면 동생이 나보다 조금이라도 더 지원을 받을 수 있을 거라고 생각했다. 내가 스스로 돈을 벌게 되면 부모님의 부담도 덜어 드릴 수 있고, 의무복무 4년을 마치고 진역할 때쯤이면 아버지 사업도 뭐가 잘 풀리지 않을까 하는 생각이 있었다.

원서를 접수하고 면접을 본 뒤 합격하고, 군장학생이 되었던 날, 돌아가는 버스 안에서 아버지에게 전화를 드렸다. 아버지께서는 한참을 말이 없으시다가 고맙다고 하셨다.

돈이 미워졌다. 돈 때문에 싸워 친인척 사이도 다 멀어지고 돈이 없어 하고 싶은 것을 포기하며 원하던 대학을 포기하고, 돈이 없어 어머니 아버지도 힘들게 일하시고 마음 아파하시는 것이 싫었다. 학생 신분인 나는 할 수 있는 게 없어서인지, 돈이라는 것이 더욱 싫었다.

이 모든 게 돈, 돈, 돈! 바로 돈 때문이었다. 돈이 없어 모든 불행이 다가오는 것만 같았다.

재테크 초보자 20대

다행히 군사학과에 진학한 덕분에 학비 걱정은 없이 대학에 다닐 수 있었다. 대학도 집과 아주 가깝지는 않았지만 그래도 버스 타고 통학할 수는 있어서 기숙사비도 들지 않았다. 학교에 다니며 아르바이트를 병행했다. 처음 스스로 돈을 벌어 보았는데 얼마 되지는 않았지만 일단 집안의 급한 불부터 끄고 계속 일해서 어머니, 동생의 핸드폰을 바꿔주었다.

당시에는 이성에도 관심이 많았을 시절이었지만 내 형편과 처량한 내 신세에 여자친구는 사치라고 생각했다. 그렇게 학업과 아르바이트를 병행하고 남는 돈으로 펀드라는 것에 투자해 보았다. 그 당시에는 펀드가 유행했는데, 온갖 종류의 펀드가 넘쳐났고 여기저기에서 수익률이 얼마다, 얼마를 투자해서 얼마를 벌었다는 이야기가 들려왔다.

그래서 나도 은행 창구에 가서 펀드를 가입했고 적립식으로 투자를 했다 몇 달이 지나니 정말 돈이 불어나 있었다.

'반드시 노동으로만 돈을 벌 수 있는 게 아니구나' 라는 것을 깨달은 순간이었다.

당시에는 '재테크(財 + tech)' 라는 말이 유행했고 돈을 똑똑하게 불리는 법에 대한 서적들이 많이 나왔다. 하지만 나는 책을 읽을 생각도 없고, 어떻게 해야 할지도 모르는 나부랭이였다.

대학을 졸업하고 아르바이트를 계속하며 모아놓았던 돈을 어머니에게 드리고, 나는 군에 입대했다. 임관 후 당시 하사 월급이라 봤자 얼마 되지 않는 돈이었지만 정식으로 월급을 받았고, 선배들의 말대로 군인 적금을 최대로 가입했다.

내 군 생활의 초반은 격오지에 있어 외출외박은 많이 제한되었고, 부대밖을 나가는 것은 한 달에 한 번 2박 3일의 휴가뿐이었다. 그 때문인지는 몰라도 돈을 쓰고 싶어도 쓸 수 없는 환경이었다. 소 파견지에 가까이 있는 부대에 들어가서, PX 3만 원어치 물건을 산 것이 한 달 소비의 전부인 적도 많았다. 3박 4일도 나갈 수 있었지만, 당시 선배들은 왜 그렇게 눈치를 주었는지 모르겠다. 3박 4일 휴가 다녀와 보는 것이 소원이었을 정도다. 그 2박 3일의 휴가를 나갈 때마다 적금통장을 찍어보고, 그 통장에 차곡차곡 돈이 쌓여나가는 것을 보며 뿌듯함을 느꼈었다.

또 첫 휴가를 나가서 집에 가기 전 집 근처 은행에 들러, 4년짜리 적금에 가입했다. 월급날 바로 돈이 빠져나갈 수 있게 했다. 왠지 돈이 있으면 다 써버릴 것만 같았고, '누가 돈 빌려 달라고 하면 적금 들고 있어서 돈이 없다.' 라고 둘러대라던 교관님의 말도 일리가 있어 보였기 때문이다.

이후 군인 적금으로 5천만 원 이상 모았다. 월급날, 혹은 심심할 때마다 들어가서 얼마 모여져 있나 보는 군인 적금은 뿌듯함으로 다가왔다. 적금액은 꾸준히 늘어갔지만, 그래도 답답한 것은 어쩔 수 없는 것이었다. 친구들과 통화를 할 때마다 다가오는 자괴감은 나를 더 힘들게 만들었다. 나는 주말에도 부대 밖으로 못 나가고 고생하고 있는데, 친구들은 스키장이며 여자친구며 다들 잘 놀고 있는 것 같았다. 내가 무엇을 잘못했길래 이 고생을 하며 힘들어야 하는지 잠깐 신을 원망한 적도 있었다.

그나마 날 위로해 주던 것은 군인 적금 등 통장에 차곡차곡 쌓이던 돈이었다. 길게만 생각했던 의무복무의 시간도 힘든 이 시간도 모두 지나갈 것이며 돈이 많아진다면 내가 하고 싶은 것을 하면서 살 수 있을 것 같았다. 그렇게 재테크에 관심이 더욱 커졌다.

그러다 우연히 <대한민국 20대 재테크에 미쳐라>라는 책을 접하게 되었고 적잖은 충격을 받았다. 그저 우직하게 돈을 모으기보다는 투자를 통해 돈을 불려 나가야 한다는 것을 깨닫는 순간이었다. 휴가를 나가자마자, 은행으로 가 처음으로 주식계좌를 개설했다. 막상 주식계좌를 만들었지만 무엇을 살지 얼마나 투자해야 할지 몰랐던 나는 일단 값이 싼 주식부터 매수해 보았다.

하지만 내가 샀던 값싼 주식 종목들은 변동 폭이 너무 심했고 떨어지고 있는 걸 보고 있으면 손해를 줄이기 위해 팔았다. 그런데 내가 팔고 나면 주가가 또 올랐으며, 그러한 과정에서 발생한 손해가 이만저만이 아니었다. 그러다 책에서 발견한 구절이 떠올라 '적립식으로 주식을 매수해 보자'라고 생각했다. 우량주 위주로 매달 일정한 금액을 투자하는 것이다. 군인 적금 모으듯이, 은행 적금 모으듯이 매달 정해진 날짜에 일정한 금액을 매수하는 것이다. 처음엔 얼마 안 되던 돈이었지만, 아니 오히려 떨어지기도 했지만 그래도 일정한 날짜에 꾸준히 주식을 매수해 나갔다.

그렇게 1년이 지났고 대한민국 대표 우량주 위주로 모아나갔던 나는 많은 수익을 이뤘다. 그리고 이 방법이 진짜 통하며 책에서 말한 대로, 책이 시키는 대로 하면 된다는 확신을 얻었다.

20대 처음 부동산 실패를 맛보다.

　어느 날 부동산 중개사무소에서 전화가 왔다. 나는 그 사무소를 통해서 원룸 전세를 얻어 생활하고 있었다.
　전세 계약 종료가 다가오고 건물주가 바뀌게 되면서 전세를 월세로 전환하고 싶다는 것이었다. 월세로 바뀌게 된다면 한 달에 얼마냐고 물으니 50만 원이라고 했다. 매월 월급에서 50만 원이 없어진다고 생각하니 너무 아까웠다.

　다른 전셋집을 알아보기 시작했다. 마침 그 당시에는 정부에서 주택임대사업자와 도시형생활주택을 많이 권장하고 있던 탓인지, 오피스텔 건물이 많이 지어지고 있었다. 거의 완공이 되어가던 오피스텔 1층 분양사무실 앞을 지나가고 있을 때 직원이 내게 말을 걸어와 우연히 사무실에 들어가게 되었다.

　그 분양사무실에서 내 사정을 말하게 되었고, 결국 나는 그들의 꼬임에 넘어가게 되었다. 당시에는 거리 곳곳마다 '1억에 2채', '월 200만 원 보장' 이라는 현수막들이 많았고, 또 건설사에서 직접 책임지고 임차인을 구해준다는 것들이 많았다. 그들은 오피스텔 한 채에서 나오는 월세로 대출이자를 감당하고, 감당한 뒤 남는 돈으로 내가 사는 집의 월세를 충당하면 부담을 더욱 줄일 수 있다며 나를 설득했다. 부동산에 대해 무지했던 나는 그럴듯한 말에 설득되어서 분양사무실에서 추천하는 은행에서 대출을 일으켜 도시형 생활 주택으로 불리는 오피스텔 한 채를 매수하게 되었다.

도시형 생활 주택은 법령상 주택으로 분류되기에 매수 당시 생애 최초 부동산 매수로 취득세를 감면받았지만, 이는 나중에 땅을 치고 후회하는 선택이 되었다. 어쨌든 대출을 일으켜 오피스텔을 매수하고 월세를 받게 되었지만, 문제는 또 있었다. 임차인이 제때 월세를 안 내는 것이었다. 2달치 월세를 몰아서 내고, 3달치를 몰아서 내고 하다가 결국 계약 종료 시에는 월세를 내지 않아 보증금에서 3달 치를 제외하고 보증금을 돌려주었다.

이어 다른 월세 세입자를 들였다. 기업에서 직원에게 오피스텔을 제공해 주는 것이었고, 기업과 월세 계약을 맺다 보니 월세는 밀리지 않고 꼬박꼬박 잘 들어왔다. 하지만 대출이자를 내고 나면, 수중에 남는 돈은 20여만 원 정도밖에 되지 않았고, 대출 만료일도 다가오고 해서 매도를 결심하였다.

매도를 위해 알아보니 처음 내가 샀던 시세보다 2,000만 원이나 떨어져 있었다. 역세권이기는 했지만, 주변에 더 좋고 많은 오피스텔이 생겨났고, 상대적으로 내 오피스텔 가격은 떨어졌다. 고민 끝에 나는 2,000만 원의 손해를 감수하고 매도를 했다. 나의 첫 번째 부동산 투자는 실패였다. 부동산에 대해 아무것도 모르고 잘 알지도 못하는 상태에서 투자를 진행했으니 어떻게 보면 당연한 결과였다. 어렵게 모은 나의 돈을 잃고 너무 가슴이 쓰라려 그때부터 부동산 공부를 시작했다. 부동산 공부는 어디에서도 알려주지 않지만 살아가려면 꼭 필요한 공부라는 사실을 깨달았다.

　이 경험을 통해 깨달은 것이 있다. 분양사무소는 오피스텔을 분양할 때 시세보다 더 높게 임차인을 구해준다고 하지만, 그렇게 구해준 임차인은 1년만 살고 나가버린다. 곧 다른 임차인을 구해야 하지만, 입지가 좋은 곳이 아니고서야 높은 임대료를 지불할 임차인은 잘 구해지지 않는다. 시간이 지나 더 많은 오피스텔이 우후죽순 생겨나면 더이상 내 건물은 구축이 되어 가격이 하락한다. 이런 투자는 피하는 것이 좋다.

　결론적으로 말하자면, 분양사무소는 내게 팔면 끝이다. 이후 가격이 올라가든 내려가든 상관없다. 그들은 책임지지 않는다. 스스로 공부해야 한다. 나는 공부기 부족했기에 큰 손해를 보았다.

　우리는 누구나 집에서 산다. 또 누구나 좋은 집에 살고 싶어 하고, 필요로 한다. 대한민국의 모든 사람이 다 수요와 공급 대상이다. 어마어마하게 큰 시장이며 살아가는 데 꼭 필요한 지식이다. 나처럼 손해를 보지 않으려면 부동산투자에 대한 안목을 길러야 한다. 군인이라면 독신자 숙소나 관사가 나와 딱히 당장은 집에 대한 필요가 느껴지지 않을 수도 있지만, 누구나 언젠가는 나만의 집이 필요한 시기가 온다. 미리미리 준비하자.

다시 책과 친해지기 시작한 30대

생각해보면 나는 초등학교 입학 전에는 책을 많이 읽었던 것 같다. 특히 과학 관련 책에 관심이 많았다. 지구가 아닌 행성에는 중력이 어떻고 온도가 어떻고 등등 말이다. 그런 분야가 흥미로웠고, 다른 책들도 많이 읽었다. 사촌 누나 집에 놀러 가면, 누나 방 책장에 있는 책만 보고 있어서, 외숙모가 사촌 누나에게 "너는 용근이 만큼만 책을 좀 읽어 봐라"라고 했던 것이 지금도 기억난다.

하지만 그 이후 학창 시절에 독서라고는 교과서밖에 하지 않았다. 책은 두껍고 재미없고 시간 낭비라는 생각이 지배했었다. '저 두꺼운 책을 언제 다 읽지?'라는 생각과 '책 마지막은 어떻게 마무리될까?'라는 생각에 마지막 한두 페이지만 읽곤 했다.

20대 시절의 나는 재테크에 관심은 있었지만, 방법도 모르고 공부도 하지 않아, 그저 군인 공제회와 적금에만 집중하고 있었다. 가끔 주식투자를 했지만 잘 모르고 급등주 위주로 하다가 손해를 보기 십상이었다. 책과 다시 친해지기 시작한 것은 30대이다. 우리 부대에만 있는 이상한 문화와 위에서 주는 압박감과 아래에서 오는 부담감으로 군 생활이 힘들고 무료해지는 때였다. 어느 날 우연히 서점 앞을 지나게 되었고 서점에 들어갔다. 스테디셀러 중에 '카네기 행복론'이 있었다. 행복해지고 싶었던 나는 책의 목차도 보지 않고 무작정 책을 구매하여 집으로 왔다. 책을 보지 않았던 습관 때문인지 책을 구매하고도 며칠을 놔두다가, 남는 시간에 책을 집어 들고 읽기 시작했다.

그것이 바로 독서와 함께하는 나의 삶의 시작이었다. 그 시작을 계기로 나는 책과 사랑에 빠졌다고 해도 과언이 아니다. 그저 행복해지고 싶었을 뿐인데 책과 함께하며 행복한 순간순간을 맞이하고 있다. 처음엔 관심 분야의 쉬운 책을 위주로 읽었다.

읽다 보니 읽던 책에 다른 책을 언급하거나 인용되는 사례가 많다는 것을 알았다. 저자가 소개한 책을 찾아보고 읽어보면 또 재미있고 실패할 일이 별로 없었다. '책은 왜 존재할까? 책은 언제부터 존재했을까?'를 생각해 보았다. 책은 아마 기원전부터 있었을 것이고 그 책 속에는 고대 시절부터 모든 성인군자와 학자, 왕에 이르기까지 그들의 지식, 경험, 철학이 다 담겨있을 것이다.

그렇게 사람들에게 도움이 되고 지식이 되기 때문에 책이 계속 존재하는 것이 아닐까? 무언가를 배우고 이해하는 데 있어, 독서만큼 효과적인 방법도 드물다. 그렇기에 군대에도 그렇게 많은 교범이 존재하는 거라 생각된다. 특히 경제적인 지식과 원리를 이해하는 데 책은 아주 훌륭한 안내자가 된다.

예를 들면, EBS 다큐프라임의 <자본주의>나 엠제이의 <부의 추월차선>과 같은 책들은 경제의 기초적인 개념부터 시작해서 자산을 어떻게 불리고 관리할 것인지에 대해, 보다 구체적이고 체계적인 방법까지 많은 내용을 담고 있다. 이러한 책들을 통해 재테크의 기본 원리와 경제적 자유를 달성하기 위한 전략과 실행법을 배울 수 있다고 생각하니 책이 더 사랑스러워졌다.

책을 통해 얻을 수 있는 것

책은 단순한 지식의 창고가 아니다. 오히려 책은 인류가 축적해 온 오랜 지혜와 경험의 결정체이며, 우리가 직접 겪을 수 없는 수많은 경험을 체험하게 해주는 통로이기도 하다. 간접경험이란 우리가 어떤 일을 실제로 겪지 않았음에도, 타인의 경험을 통해 마치 우리가 그 일을 직접 경험한 것처럼 느끼고 배울 수 있는 것이다.

예를 들어, 누군가의 자서전이나 여행기, 혹은 역사적 사건을 다룬 책을 읽음으로써 우리는 직접 그 시간과 장소에 있지 않더라도 그 감정과 상황을 간접적으로 체험할 수 있다.

물론 책 이외에도 영상 매체나 타인의 이야기를 통해서라도 간접경험을 할 수야 있지만, 그중에서도 가장 쉽게 접근할 수 있고 가장 깊이 있는 체험을 제공해주는 방식은 독서라고 생각한다. 책을 읽는 것은 그 자체로 타인의 생각과 경험, 세계관에 깊이 들어갈 수 있게 해주기 때문이다.

만약 지금 당장 전역한다면 가장 큰 걸림돌이 무엇일까 아니 삶을 살아가는 데 있어서 가장 큰 부분을 차지하는 게 무엇일까 생각해 보면 나는 '돈'이 가장 먼저 떠오른다. 돈이 많아야 꼭 행복하다는 것은 아니지만 돈이 있어야 행복할 수 있는 건 사실이다. '경제적 자유'라는 말을 들어 보았을 것이다. 경제적 자유가 무엇일까? 경제적으로 자유로워 내가 일하지 않아도 하고 싶은 일을 하고, 먹고 싶은 것을 먹으며, 사고 싶은 것을 살 수 있는 상태이다.

경제적 자유를 이루기 위해서는 당장 보유하고 있는 돈이 많은 것도 중요하지만, 내가 일하지 않아도 매달 생활에 필수적인 돈을 상회하는 일정 금액이 계속 들어온다면 경제적 자유를 이뤘다고 할 수 있을 것 같다. 나는 독서를 통해 경제적 자유를 이룰 수 있을 것이라 확신했다.

책은 최고의 간접경험을 할 수 있는 수단이며 책에는 단순히 돈을 버는 법을 넘어서 돈이 어떻게 움직이고 어떤 원리로 세상에서 작동하게 되는지를 이해할 수 있다. 또한, 진정한 독서의 힘은 우리의 사고방식, 삶의 태도, 나아가 인생에 대한 관점을 변화시킨다.

예컨대 김승호 회장의 <돈의 속성> 같은 책은 단순한 재테크 서적이 아니라, 성공적인 삶을 살아가는 사람들의 공통된 생각과 행동방식을 설명함으로써 독자들이 스스로 돌아보고 삶의 방향성을 새롭게 정립할 수 있도록 도와준다. 이러한 책들을 읽으면서 우리는 '어떻게 돈을 벌 것인가'라는 표면적인 질문을 넘어서, '무슨 사고방식을 바탕으로 살아갈 것인가'라는 보다 본질적인 질문에 접근할 수 있다. 이것이야말로 독서를 통해 얻을 수 있는 가장 큰 간접경험이라고 믿는다.

책과 가까워지기 위한 습관

책을 읽는다는 것은 나에게 자유를 얻게 해준 것만 같다. 어느 장소에서든 아무 때든 돈이 없어도 할 수 있는 것이 바로 독서다. 책을 읽을 때 느끼는 해방감이란 느껴본 사람만 안다. 책과 친해지기 위해 내가 했던 경험을 소개해 보고자 한다.

첫 번째, 읽기 쉬운 책, 관심 분야의 책을 먼저 읽는 것이다.
읽기 쉬운 얇고 가벼운 책부터 시작해서 평소에 관심 있던 분야라면 아무 책이나 상관없다.

두 번째, 도서관과 친해지자. 휴일에 도서관에 한번 가보자.
여름엔 시원하고 겨울엔 따뜻하고 의외로 사람도 많고 시설도 잘되어있다. 도서관 내에 식당과 카페도 있는 도서관도 있어서 종일 있을 수도 있다.

세 번째, 좋은 문장을 필사하자.
책을 읽으면서 감동했던 문장이나 감명 깊었던 부분을 따로 노트를 준비해서 적어보자. 다시 한번 감동이 밀려오며 더욱 기억에 남는다.

최용근, <독서로 만든 평생 파이프라인>

네 번째, 독서의 파도를 일으키자.

책을 읽다 보면 책 속에 다른 책을 인용했거나 저자가 소개하는 책들이 나온다. 현재 읽는 책과의 관련성이나 저자에 대한 신뢰 때문인지 읽고 싶은 호기심이 생긴다. 그리고 또 잘 읽힌다. 책이 또 다른 책을 불러오는 현상이다. 이것은 마치 계속 몰아치는 파도와 같다.

다섯 번째, 항상 책을 들고 다닌다.

좋아하는 사람, 갖고 싶었던 물건을 항상 곁에 두고 싶은 것처럼 책과 동행하면 심심하지도 않고 든든함도 있다.

여섯 번째, 서점에 방문하여 책을 직접 고르고 돈을 주고 산다.

도서관에서 빌려보는 책도 괜찮지만 내가 직접 산 책은 책을 읽으며 밑줄도 치고, 글씨도 쓰고 무엇보다도 책에 애정도 생긴다.

일곱 번째, 책을 주변에 자랑한다.

읽은 책 또는 읽던 책을 주변 사람에게 말하고 대화의 소재로 삼는 것이다. 독서는 주변인과의 대화 상대로 아주 훌륭한 주제이다. 물론 상대방을 가려야 할 때도 있다.

여덟 번째, 강연회에 참석하고 저자를 직접 만나자.

책을 읽다 보면 저자가 궁금해지고 좋아하는 저자도 생긴다. 또 저자들이 강연회를 열기도 하고, 팬 미팅을 하는 저자들도 있다. 직접 만나서 강의를 듣고 사진도 찍고 사인도 받고 대화까지 주고받을 수 있다면 더할 나위 없다.

아홉 번째, 나만의 독서 장소를 만들자.
저마다 독서에 집중하기 좋은 장소, 책을 읽고 싶은 공간이 있을 것이다. 동네 카페도 좋고 출근길 지하철, 기차, 도서관 등 나만의 공간을 찾게 된다면 책에 대한 더 애착이 생길 것이다.

10%!
1년에 책 한권 읽는 성인은 10% 뿐이다.
책 한권만 읽어도
대한민국 상위 10%에 올라설 수 있다.

책에서 말하는 대로! 실전 재테크

　오늘날 우리는 경제적 안정을 위해 재테크의 필요성을 절실히 느끼고 있다. 재테크는 이제 생존을 넘어, 개인의 자유와 성취를 위한 필수 도구가 되었다. 하지만 막상 시작하려면 정보는 넘치고 방향은 막막하다. 그럴 때 역시 도움받을 수 있는 것이 바로 독서다. 나는 재테크에 많은 관심이 있었기에 주식, 부동산, 경매 등 재테크 관련 서적들을 읽었다.

　20대 시절에 실패했던 오피스텔에 재투자해 보기로 했다. 그 이유는 오피스텔 투자로 돈을 잃어봤으니 다시 오피스텔 투자로 돈을 벌어봐야겠다는 생각과 그동안 책을 보며 꾸준히 부동산을 공부해왔고, 매달 일정한 금액이 들어오게 하려면 부동산 임대수익만 한 것도 없다고 생각했기 때문이다. 또 임대수익을 내다가, 매도할 때 시세차익까지 얻을 수 있다면 금상첨화일 것이다. 부동산 지역분석 책들을 읽고 시간이 날 때마다 현장 답사를 했고, 주변 부동산중개업소를 방문했다.

　오피스텔은 방향, 조망, 층에 따라 다 임대수요가 다르고 매수 우위 시장에서는 더 좋은 물건을 더 낮은 가격으로 매수할 기회가 있었다. 알아보고 알아본 끝에 저축해 놓은 예금 일부와 대출을 활용하여 역세권의 주거형 오피스텔을 매입했다. 재테크 관련 책에서 매번 반복되는 '지렛대(leverage)' 효과를 충분히 활용한 순간이었다.

　매수한 오피스텔은 전철역에서 1분 거리에 위치하며, 지하에 큰 마트가 있고, 15층까지 주거형 오피스텔 약 500실로 구성된, 지역의 대표적인 건물이었다. 입지와 상품성, 임대수요까지 풍부할 것으로 판단하여 매수하였다.

　소유 기간 내내 한 번도 공실이 없었고 부대비용도 딱히 들지 않아 괜찮게 생각했지만, 좋은 투자가 맞는지 항상 의문이 들었다. 매매가격 상승 속도가 아파트 대비 현저히 낮았기 때문이다. 같은 기간 아파트 매매가 상승분의 3분의 1도 되지 않았다. 주택으로 포함되어 매매수요가 적고, 시간이 갈수록 건물의 노후화로 인해 신축 대비 경쟁력이 떨어지며, 소유자들이 많아 재건축 역시 쉽지 않을 것이라는 이유로 오피스텔은 매매가격 상승이 아파트 대비 현저히 낮았다.

　오피스텔 투자 비용으로 서울 역세권의 소형아파트를 샀어야 했나 라는 생각이 들었다. 이 경험을 통해 오피스텔은 반드시 주변 시세 대비 최대한 저렴한 가격으로 매수하여, 매도 시점에 시세 차익을 기대할 수 있는 물건을 골라 투자해야 한다는 것을 느꼈다. 여전히 오피스텔은 내게 꾸준한 월세 수익을 주고 있지만, 추후 오피스텔보다는 아파트 투자를 할 것 같다.

　20대에 그나마 잘한 재테크는, 소액으로라도 주식을 꾸준히 매수한 것이다. 매달 일정한 금액으로 적립식으로 주식을 매수한다면 내가 살 때 주식이 올랐다면 내가 사놓았던 주식이 올라서 좋은 거고, 살 때 주식이 내렸다면 싸게 살 수 있어서 좋은 것이다. 적립식 투자는 이렇게 꾸준하게 투자할 수 있는 원동력이 되고 은행의 예금, 적금보다 훨씬 더 많은 수익을 준다는 것을 진작부터 깨달을 수 있었다. 이상하게도 돈이 조금 생겨서 '아, 이 종목 왠지 오를 거 같은데?'라고 생각하여 한 번에 투자하면 주가는 하락하여 손해를 보곤 했다.

그래서 나에게는 적립식 투자가 제일 잘 맞는다고 생각했고 지금까지도 꾸준히 이어오고 있다. 몇 년 전부터는 많이 모아왔던 종목을 기술주 중심으로 갈아타고 괜찮은 배당을 주면서 기술주에 투자하는 미국 ETF 종목도 꾸준히 적립식으로 매수하고 있다.

미국 주식 및 ETF는 한국 주식보다 배당도 자주 그리고 더 많이 주어서 배당날짜가 언제인지 매번 기다려진다. 배당만 모아도 쏠쏠하기 때문이다. 배당은 내가 일을 하지 않아도 나의 돈, 나의 주식이 열심히 일해 가져다주는 것이기 때문에 지금도 나의 든든한 돈의 파이프라인이 되어주고 있다. 누군가는 주식은 타이밍이라 하는데 나는 그렇게 생각하지 않는다. 나는 다음과 같이 생각한다.

'주식은 타이밍이 아니라 타임이다.'
'꾸준히, 시간을 들여 모아 나가면 된다.'

어느 날, 원사로 만기 전역하시는 분이 자랑스럽게 내게 말했다.
"용근아, 난 전역하면 군인연금 300만 원이 꼬박 나와."

나는 이렇게 대답해 드렸다.
"저는 지금 전역해도 월 400만 원이 나오는데요?"

그분은 어떻게 그럴 수 있느냐며 놀라셨다. 그 원사님은 지금까지 '군인연금'이라는 단 하나의 파이프라인만 구축하신 것이다.

지금도 오로지 군인연금만 바라보고 군 생활하고 있는 군인들도 있다. 하지만 그게 다가 아니다. 연금개혁으로 군인연금은 축소될 수도 있고, 또 전역 후에는 군인연금만으로는 생활하기에 모자랄 것이다. 우리가 다양한 파이프라인을 구축해야 하는 이유이다. 다양한 파이프라인에서 내가 일을 하지 않아도 돈이 나오는 시스템을 만들어 놓는다면 훨씬 더 풍요롭고 걱정 없는 노후를 준비할 수 있을 것이다.

현재 내 파이프라인은 오피스텔 월세, 주식배당금, 군인연금, 아내 사업으로 구성되어 있으며, 이 모든 수입을 합치면 약 400만 원이다. 하지만 여기서 멈추지 않을 것이다. 앞으로도 더 큰 파이프라인을 구축할 것이며, 새로운 파이프라인을 계속 확장할 것이다.

최고의 투자 선생님

누가 뭐래도 최고의 투자 선생님은 책이다. 책과 친해지기 위해 노력했고, 그로 인해 책을 통해 자유를 느낄 수 있었다. 또 재테크에 관심이 있는 나였기에 재테크 관련 서적을 많이 읽었으며 책에서 하라는 대로 했고 책이 시키는 대로만 했다. 책을 많이 읽는다고 부자가 될 수 있을까? 아니다. 책을 많이 읽는 것도 좋지만, 실천해야 한다. 책만 많이 읽고 실천하지 않는 삶은 결코 부자가 될 수는 없다고 생각한다. 책을 읽다가 감동이 되고 마음에 와닿고 나를 울리는 문장을 따로 적어두고 그대로 실천해보자. 분명 나의 삶은 달라져 있을 것이다.

손흥민 선수의 아버지 손웅정 씨가 그랬다. "적자생존! 적는 자가 생존한다." 그 역시 책을 좋아하고 많은 필사를 한다고 했다.

돈이 전부는 아니지만, 우리가 살아가는 데 중요한 역할을 한다는 것은 부정할 수 없다. 돈은 우리의 삶을 보다 안정되고 풍요롭게 만들어 주는 수단이며 우리가 원하는 삶을 선택하고 실현하는데, 큰 영향을 미친다. 이러한 돈을 책과 함께하는 삶을 통해 실현할 수 있다고 나는 생각하며 지금도 꾸준히 책을 읽고 공부하고 글을 쓰고 있다. 그로 인해 얻은 자산을 감사히 생각하고 있다. 내가 사랑하는 사람들 나를 사랑해 주는 사람들을 위해 앞으로도 꾸준히 책을 읽으며 공부하고 실천해 나갈 것이다.

군인 친구 부자 마인드 수업

정연호

작가 소개

정연호

오늘보다 더 나은 내일을 위해서 살아가고 있습니다.
'고민만 한 채, 아무것도 하지 않는 것이 가장 어리석은 인생이다'라는 신념하에 독서, 글쓰기, 운동, 경제공부 등을 하면서 스스로 개척해나가고 있는 중입니다.
물론 본업에도 충실합니다.

부자되는 것을 생각만 하고 있나요?

"민수야, 너 요새 돈 얼마 모으고 있어?"
"요새 뭐, 코인 조금 하고, 한국 주식하고,
 적금 넣는데 매달 카드값 내고 나면 저축할 돈이 거의 없어."
"우리 그래도 비슷한 월급 받고 있는데,
 너 별로 저축하고 있는 것 같지 않네?"
"돈 모으고는 싶은데, 알려주는 사람도 없고,
 일이 바빠서 신경 쓸 시간도 없네."

아쉽게도 많은 군인과 군인 가족분들이 본인의 직장과 육아 등의 외부적인 상황에는 시간을 쏟으면서도 정작 본인과 직접적인 관련이 있는 경제 상황에는 관심이 적은 것 같아요.

이번 이야기에서 저는 그동안 친구, 동기, 선·후배들과 나눴던 대화를 각색해서 여러분께 다가가 보려고 합니다. 현재, 여러분의 계좌는 혹독한 겨울 날씨처럼 추운가요, 아니면 여름 날씨처럼 뜨겁게 불어있나요?
제가 감히 말씀드리지만, 이 주제로 글을 쓰고 있는 분들의 그것은 뜨겁게 불어나고 있는 '중' 입니다. 매일 뜨거울 것이라는 확신은 없습니다. 하지만, 100% 확신할 수 있는 것은, 직업군인으로 살아가고 있는 현재, 군인도 부자가 될 수 있다는 점입니다.

　이 글은 직업군인은 반드시 읽어봤으면 좋겠고, 군인 가족분들이라면 직업군인 가족들에게 반드시 전달해 줬으면 좋겠고, 돈이 부족해서 전역을 망설이는 사람들이라면 한 번씩은 읽어보고 본인의 현 위치를 확인해 보는 계기가 되었으면 합니다.

　아무 지식 없이 이 글을 접하고 있는 바로 당신은, 지금 제가 한 말에 대해서 군인이 어떻게 돈을 벌 수 있을지 의심스러울 것이고, 분명 '너는 복권이나 비트코인으로 부자가 되었을 것이다'라고 생각할 것입니다. 그런데 말이죠. 저도 '복권 한 번만 당첨되었으면 좋겠다'라고 생각하던 시절도 있었고, '비트코인 5년 전에 10개만 사놓았으면 지금 당장 전역하고 아무 일도 안 해도 될 텐데'라는 생각하고 있습니다. 한 손에 커피 한 잔 들고, 편하게 소설책 읽는다는 생각으로 따라와 보세요.

　어떻게 제가 군인도 부자가 될 수 있다고 말할 수 있을까요? 부자가 될 수밖에 없는 원리, 쉽게 말하면 부자가 되는 방법을 알기보다는 실패하지 않는 방법을 깨달았기 때문이죠. 정말 화려하고 거창할 것 같은 방법이 있겠다고 생각하겠지만, 그렇지 않습니다.

　여러분은 백화점이나 마트에 갈 때 매년 비싸지는 물가에 대해서 작년 대비 얼마나 상승했는지 생각해 본 적 있나요? 매년 연평균

3~5%씩 상승하는 물가상승률을 대비하여 과연 군인 적금과 군인공제회가 충분한 대책이 될 것인지 생각해 보셨나요? 물가상승률을 전혀 고려하지 않고 군인 적금과 군인공제회가 안정적으로 보장해 주는 만기 이자를 받을 생각을 하면서 '00 사야지' 하고 단기간의 행복만 누리고 있지는 않나요?

그럼, 무엇을 해야 할까요? 이 글을 읽으시는 분들은 적어도 직업군인이자 간부의 역할을 하시는 장교나 부사관일 거라고 예상하면서, 화려하지는 않지만, 누군가는 부러움을 느낄 수도 있는, 작지만 소중한 제 스토리를 공개해 보려고 합니다.

나이가 어릴수록, 군 생활 경험이 적을수록, 사회 초년생일수록 제 글을 처음 보면 신선할 것이고, 새로운 세상일 것이고, 저런 방법도 있구나고 느낄 것입니다.

다른 일반 사회 직장인, 사업가 등과는 다르게 직업군인만의 세상, 직업군인만의 커뮤니티는 없다고 생각하지 않나요? 우리가 듣는 뉴스나 소식, 그리고 (온라인, 오프라인) 모임들은 모두 일반 직장인들을 대상으로 진행되고 있고, 직업군인이 참석하기에는 시간도 없고, 환경구성도 안 되어있습니다. 그러다 보니 군인은 부자가 될 수 없다는 자신만의 한계를 지어버리는 것입니다.

그런데 우리 직업군인 말이죠. 다른 직업군에 비해서 적은 월급과 더불어 열악한 처우가 언론에 공개되고, 주변에서도 항상 부정적인 이야기만 들릴 텐데, 생각보다 괜찮은 장점이 많은 직업입니다.

　부정적인 측면만 보면, 너무나 자신이 비참해지고, 빨리 탈출하고 싶을 수밖에 없습니다. 하지만 밝은 측면을 찾아 애쓰고 노력하면 분명히 여러분도 생각의 전환을 가져올 수 있습니다. 생각의 전환은 인식의 전환을 가져올 것이며, 이는 반드시 행동의 전환으로 나올 수밖에 없습니다.

　생각은 내가 하고, 행동은 뇌가 한다는 말 들어보았나요?
　사람들은 자신을 지극히도 과소평가한다고 합니다. '나는 올해 1억을 벌 거야'라고 하면 그 한계가 1억에만 갇혀있게 되고, '3억, 5억, 10억을 벌고 싶다'라고 이야기하면 100% 실현은 못 할지언정, 그렇게 가려고 어떻게든 돈 버는 방법을 찾아 노력한다는 것이죠.

　우리는 부자가 단번에 될 수 없습니다. 하지만 부자가 되려고 계속 생각하고 행동한다면 조금씩 다가갈 수 있습니다. 군인으로 부자가 된 사람들 이야기를 들어본 적 있나요? 사실 별로 없을 거예요. 왜냐고요? 부자 군인은 주변에 이야기하는 사람들이 부자가 아닌 것 같으면 이야기하려고 하지 않을 것이고, 알려주려고 하지 않을 것입니다. 알려주고 싶어도 대화가 통해야 알려주는 의미가 있는데 대화 자체가 통하지 않으니 쓸데없이 에너지를 낭비하고 싶지 않은 것이죠.

　우리 한 번 자기 자신을 과대평가 해봐요. 돈 드는 것 아니잖아요? 인간이 가지고 있는 설정 중에 '한계'라는 것은 스스로가 스스로에게 내리는 결론이자 정체된 것이기에 지금 당장이라도 바꿀 수 있어요. 자, 이제 정말로 커피 한 잔 마시면서 제 이야기 따라와 보세요.

안된다는 생각을 버려야 해요.

"민수야, 우리는 부자가 될 수 있을까?"
"당연히 불가능하지. 월급도 적고, 나중에 전역하면 군인공제회 가입하더라도 서울에 집 한 채 못산다고 하잖아"
"우리도 서울 집 살 수 있지 않을까?"
"지금 간부숙소 쓰고 있고, 결혼하면 관사 주는데 뭐하러 부동산에 돈을 써. 적금이나 하면 되지. 그냥 잘 먹고 잘 쓰다가 100세 인생 살면 되지!"
"아.... (미치겠네)"

부자가 될 수 없다고 말하는 대부분 군인은 자신이 얼마를 벌고 쓰는지조차 모른 상태인 경우가 많습니다. 제 이야기를 듣고 본인의 현금흐름을 하나하나 펜으로 기록하면서 6개월 정도만 저축과 소비 습관을 살펴보세요. 정말 이렇게나 무방비 상태로 내 계좌의 잔액이 새어나간다는 것을 느끼는 분들이 많다고 생각합니다.

군인 월급으로 부자 되는 것이 불가능하다거나 또는 될 수 있다고 생각하는 분들도 있을 겁니다. 부자 될 수 있다고 생각하시는 분들은 아마 지금 월급으로 저축하고, 투자하여 자산을 잘 형성하고 있겠죠?

저는 고작 8년 차 직업군인 현역이고요. 저는 현역으로 근무하고 있음에도, 주식, 부동산, 현금 등 자산을 모두 잘 굴려 가고 있습니다.

이렇게 말하면 부정적인 분들은 계좌와 부동산 등기 공개하라는 사람들 있는데, 개인적으로 참 안타깝게 생각되는 분들입니다. 남들의 위치와 자산을 부정하지 말고, 자기 자신을 부정하는 것이 필요한 시기입니다. 하루빨리 정신 차리고 자신의 위치가 어디인지 생각하세요. 옆 사람, 1년 선배, 1년 후배 이런 사람들과 비교하는 것이 아닙니다. 5년 뒤, 10년 뒤의 자기 자신과 비교하는 것이 필요한 시기입니다.

저는 현재 월급이 만족스럽지도, 불만족스럽지도 않습니다. 사실 불만족스럽다는 생각이 들 때가 더 많지만, 그래도 어떡해요? 제가 선택한 길인데요. 현실을 부정하기보다는, 주어진 자금을 가지고 제가 잘 굴려 나가야지요. 물론 지금 당장 월 1,000만 원의 고정 수입이 주어진다면 전역할 의사가 있지만, 그렇지 않고서는 현재에 만족하고 있습니다.

월 1,000만 원 직장인은 연봉 1억을 넘죠? 하지만 우리는 표준과세액, 즉 세금을 생각하지 않을 수 없습니다. 월 1,000만 원 직장인의 실수령액은 800만 원 정도이며, 여기에 전/월세 등 주거비와 자동차 유지비 등등을 고려하면 한 달에 약 600~700만 원의 현금흐름이 발생하지 않을까요?

어려운 용어로 현금흐름이라고 표현했지만, 그냥 단순히 현금을 가지고 있다는 것으로 이해하면 좋을 듯합니다. 한 달에 600~700만 원의 현금흐름을 가지고 있으면, 적게는 30%, 많게는 50% 정도의 저축률 고려 시, 한 달에 200~300만 원 정도를 저축할 수 있습니다.

1년에는 2,500만 원 ~ 3,500만 원 정도를 저축할 수 있는 부분이죠. 그렇게 되면 3~4년이면 1억이라는 돈을 쉽게 모을 수 있습니다.

월 1,000만 원 직장인들과 비교하려는 것이 아닙니다. 월 1,000만 원 직장인 정도라면 군 생활을 포기할 만한 가치가 있다고 생각합니다. 하지만 우리 직업군인, 사관학교를 나온 사람들일지라도, 바로 전역하면 그 군 생활을 그대로 사회에서 인정받을 수 있나요?

바로 나간다고 해도 월 1,000만 원의 가치를 인정받을 직업을 얻을 수 있나요? 현실적으로 생각하면 불가능하다고 생각합니다. 정말 현실적으로 생각한다면 말이죠.

그래서 저는 초급간부인 임관 1~2년 차 분들을 제외하고, 어느 정도 군 생활을 해서서 월 250~350만 원 정도의 현금흐름이 발생하고 있는 중위, 대위, 소령, 중사, 상사분들을 독자로 가정하여 이야기를 이어가고자 합니다.

월 저축을 얼마나 하고 있나요?
1. 월 150~200만 원
2. 월 100~150만 원
3. 월 50만 원
4. 월 10~50만 원
5. 결혼 후 외벌이라 저축 불가능.

혹시 5번에 해당하는 분들 있나요? 혹시 1번에 해당하는 분들 있나요? 어느 것에 해당하든 저축하고 계신 분들은 그 자체만으로도 박수를 드리고 싶습니다.

저축이라는 것은 말이죠. 10만 원을 하든, 100만 원을 하든, 200만 원을 하든 소비와 반대되는 행동입니다. 누구나 저축보다는 소비를 더 하고 싶기 때문에, 저축은 무의식적으로, 나도 모르게 행해져야 하는 부분입니다.

그러기 위해서는 저축은 고정적인 수입이 들어오는 바로 그 날에 반드시 빠져나가도록 설정하셔야 합니다. 여기는 저축금액을 30만 원, 50만 원, 100만 원 정해드리는 자리는 아닙니다. 50만 원이든, 100만 원이든 각 개인에게 적절한 비중의 저축금액이 있을 텐데, 그 부분은 반드시 본인이 생각하고 직접 정해야 하는 부분입니다.

저축금액은 매월, 매년 달라질 수 있다고 생각합니다. 왜냐하면, 고정적인 지출금액(통신비, 보험비, 주거비, 차량 유지비 등)은 어느 정도 비슷하게 유지가 될 수 있지만, 상황에 따라 갑작스런 지출이 생길 수도 있기 때문입니다.

반드시 저축부터 해야 한다는 것을 명심하셔야 합니다. 이제 다음으로 드는 의문은 '그럼 수많은 저축 방법 중 어떤 방법으로 저축해야 하는가' 입니다. 은행에 하는 예금/적금, 군인공제회, 연금 보험 상품이나 펀드, 그리고 위험성이 높다고 잘 알려진 주식 투자 등이 있죠.

직장에서 일하는 20년 이상의 긴 시간 동안 저축을 어떤 방식으로 꾸준히 해나가야 할까요? 주변 선배들이 추천해 주는 방법을 듣고 은행의 예/적금과 군인공제회만 믿고 살았던, 전역을 앞둔 50대 예비역 장교분은 서울 아파트 한 채조차 매수할 수 없었다고 합니다. 하지만 그런 분들은 주변에 본인은 군 생활 내내 대출과 빚이 하나도 없으며, 돈을 성실히 잘 모았다고 자랑하십니다. 안타까울 뿐입니다.

저는 주변에서 방법을 알려주는 사람이 없었거나, 정말 그런 인생이 정답인 줄 알고 살아오셨겠죠. 물론 틀린 점은 하나도 없죠. 도박 같은 행위로 돈을 탕진하시지 않고, 꾸준히 돈을 저축했다는 것은 충분히 인정받으셔야 하는 부분이거든요.

첫 시작부터 씁쓸한 이야기만 하는데, 결론 말씀드릴게요. 바로 옆 사람, 주변 사람, 선배들의 이야기만을 듣고 본인의 인생에서 중요한 '돈'을 결정하지 마세요. 반드시 본인이 직접 찾아보고, 부딪혀보고, 잃어도 보고, 빚도 져보고 하면서 깨달으세요. 그러면 위에서 이야기한 은행 상품, 보험 상품, 공제회 상품을 쳐다보지도 않을 것입니다.

제가 엄청나고 특별한 방법을 소개하려는 것은 아닙니다. 꾸준히 저축해야 한다는 큰 틀은 동일합니다. 대신 미국 주식과 개인연금 좀 더 적극적으로 운용하는 것입니다.

전역? 잠깐만 기다려보세요.

"나 요즘 전역 생각하고 있어."

"왜 갑자기? 그래도 우리 장기복무도 되고, 곧 있으면 인사이동 시즌이라서 좋은 부대로 갈 수도 있잖아."

"아니 나랑 비슷한 시기에 취업한 친구들은 나보다 월급도 많고, 성과금도 이번에 많이 받았어. 그리고 나보다 훨씬 좋은 전세 집에서 살고 있어서…."

"생각해 보면 우리 군에서 거주 혜택받고 있고, 평일에 술이나 담배 사는 돈만 아껴도 다른 직장인들 못지 않게 돈 잘 모을 수 있어."

"숙소 상태 봐봐. 너무 안 좋잖아."

"지금 당장은 안 좋을지라도, 서울 썩은 빌라도 월세 70~80만 원 내야 한다는데, 이 정도면 괜찮지 않아? 관사는 관리비도 작게 나오잖아."

"음... 좀더 고민해 볼까?"

결국, 돈을 벌기 위해서는 전역만이 답일까요? 앞의 이야기와 이어지는 부분입니다. 전역이 답일 수도 있고, 아닐 수도 있습니다.

하지만 당장의 전역은 단순히 현실도피 수단이라고 생각합니다. 왜냐하면 다들 돈 없다고 하거든요. 그런데 박봉 직업으로 모든 국민에게 널리 알려진 직업군인으로 복무하면서도 충분히 돈을 많이 벌 수 있다고 생각합니다.

돈을 많이 번다는 것은 반드시 또 다른 일을 통해서만 벌 수 있는 것이 아니라, 적절한 투자 및 자산 형성 방법에 대한 깨달음에서 비롯한 행동의 변화를 통해 돈을 많이 벌 수 있다는 것입니다.

직업군인에게 주어진 '가치'를 한번 생각해 보겠습니다.
군인이라는 직업은 왜 일찍 결혼하는 직업으로 유명합니다. 주거지원이라는 강력한 장점 때문입니다. 다른 직장인들은 입사할 때나, 이직할 때 전/월세를 구하려고 대출도 알아보고, 중개업소를 돌아다니며 발버둥 칠 때, 직업군인은 간부숙소 및 관사와 같은 군인 아파트를 받습니다. 그게 2인 1실이든, 1인 1실이든 직장에서 근무하는데 숙소가 함께 주어지는 직업은 정말 어느 직업에서도 쉽게 찾아보기 어려운 장점이라고 확신합니다. 서울/경기권의 직장만 보더라도 1인 가구 기준 월세 최소 50만 원 ~ 80만 원을 지출해야 합니다.

그런데 미혼 직업군인 1명 기준으로 월 5만 원 관리비 정도만 내면, 생활이 가능합니다. 1년 치 월세를 한꺼번에 내도, 다른 직장인들 1달 치 월세만 못합니다. 이것은 엄청난 가치가 있습니다. 사실 이 부분만 하더라도 다른 직업군에 비해서 정말 엄청난 장점입니다.

결혼하신 기혼자들의 경우에는 '숙소 구하는 게 어렵다', '숙소 상태가 안 좋다', '대기가 너무 길다' 등의 불평불만이 많다는 것에 공감도 하고 저도 겪고 있기는 하지만, 거주 공간이 지원되는 직업이라는 점은 어떤 직업군과 비교해도 엄청난 혜택입니다.

그래서 직업군인은 생각의 전환을 통해 다른 직장인들이 '전세 또는 월세를 내고 직접 거주해야 하는 집'을 '전월세를 받는 집'으로 활용할 수 있습니다. 이러한 생각의 전환은 '직업군인으로 일하면서 집을 살 수 있다', '전월세를 내는 것이 아닌, 받고 살 수 있다'라는 인식의 전환을 끌어내며, 결국 행동의 전환인 부동산 매매로까지 이어질 수 있습니다.

자산의 형성은 정말 남들이 다 하는 것, 남들이 안주하고 있는 것에서 조금 달리 생각하면 이루어질 수 있습니다. 부동산을 가질 수 있다는 이런 생각은 그 누구도 군 생활하면서 알려주지 않습니다. 왜냐하면 이런 생각을 가진다는 것, 더 나아가 표현한다는 것 자체가 대한민국에서는 시기와 질투의 대상이 되기 때문이죠. 참 안타깝고 아쉽습니다.

주거 지원 이외에도 다른 측면의 장점도 많습니다. 군인복지로써 PX 군 마트, 군인 회관, 군인 콘도, 체력단련장 등이 있습니다. 하지만 저는 자부합니다. 주거 지원 혜택 하나만으로도 비슷하거나 더 많은 월급을 받은 직업들과 비교할 수 없습니다.

정연호, <군인 친구 부자 마인드 수업>

"뭐야, 우리 부동산 살 수 있네?"

"생각해 보면 내 회사 친구들 전/월세 구하는 돈 못해도 5천만 원 넘어가는데 지금까지 모은 돈이랑 대출받아서 부동산 매수하는 방법도 있지 않을까?"

"내가 왜 지금까지 그런 생각을 하지 못했지?"

"주말에 한 번 나랑 부동산 임장 가볼래?"

"진짜? 나 아무것도 모르는데 괜찮을까?"

"나도 아직 잘 모르는데, 친한 선배한테 조언 구해볼게!"

"고마워!"

월급은 이렇게 관리하세요.

"나 돈에 관한 생각을 바꿔야겠다고 다짐했어."

"갑자기? 왜?"

"나, 지금까지는 카드값 빠져나가고 한 달 생활비 빼고 남은 돈으로 매달 저축을 변동적으로 하고 있었는데, 이제 저축부터 먼저 생각해야겠어."

"내가 저번에도 말했는데, 정말 잘 생각했어!"

"그리고 신용카드도 굳이 필요하지 않으면 없애려고!"

"맞아, 신용카드는 다음 달 돈을 미리 당겨쓰니깐 소비 습관을 망치는 길일 수도 있어!"

"또 다른 좋은 팁 있으면 알려줘!"

선 저축 후 소비해야 한다고 정답을 이미 알고 계실겁니다.

제가 알려드리는 저축 방법은 모든 상황에 맞는 '정답'은 아니지만, 정답률을 높이는 선택지를 골라 실천 중인 방법을 알려드리겠습니다.

첫번째는 지축 방법 중 하나로, 매년 물가는 상승하고 화폐가치는 하락하는 세상 속에서 은행 예금과 적금, 그리고 복리 이율을 자랑하는 군인 우대 적금 상품이 아닌, '미국 주식' 상품에 투자하는 것입니다.

여기서 좀 더 디테일하게 말씀드리면, 모든 종목을 고찰하고 공부하고 분석하면서 개별 종목에 투자하는 방식이 아니라, 미국 전체 지수를 추종하는 ETF 상품에 투자하는 것입니다. 저도 매월 적금하듯이 ETF를 꾸준히 매수하고 있고요.

매수할 때는, 오르든 떨어지든 별다른 생각 없이 무의식적으로 자동 매수하는 것입니다. 유명한 주식 트레이더들을 제가 팔로우하지는 않지만, 공통적으로 이런 말을 하더군요. "주식에는 두 가지 원칙이 있다. 첫 번째 원칙은 한국 주식을 하지 마라, 두 번째 원칙은 첫 번째 원칙을 절대 고수하라."

이건 꽤 유명한 명언이라고 할 수 있죠.

두 번째로 '개인연금'에 투자하는 것입니다. 노후연금을 국민연금에만 의존하고 있다면, 저는 그것을 다소 아쉽다고 표현하고 싶습니다. 개인연금은 55세 이후에 받는 개념이지만, 이 또한 미국 지수를 추종하는 상품으로 개인연금 포트폴리오(ETF 등)를 구성할 수 있습니다. 무엇보다 투자한 금액만큼 세액공제 혜택도 받을 수 있어서, 연말정산의 효과도 톡톡히 누릴 수 있습니다.

연말정산에서 환급받기 위해 직장인들이 "은밀에 신용카드를 몇백만 원 더 써야 해"라는 고민할 때, 저는 그 소비 의무감에 사로잡힌 돈을 연금 상품에 투자하여, 소비 대신 세액공제를 받는 방식으로 활용하고 있습니다.

저는 아직 30대 초반이며, 젊다고 생각하기에 연 600만 원의 개인연금을 매월 50만 원씩 강제적으로 저축하고 있습니다. 나머지는 조금 공격적으로 미국 지수 추종 ETF 상품에 투자하며 자산을 형성하고 있습니다.

세 번째는 주식을 부동산으로 전환하는 것입니다. 이는 주식으로 모은 자산이 결국 어디로 향해야 하는가에 대한 고민 끝에 내린 결론입니다. 주식시장이 폭등해서 흔히 말하는 버블 국면에 이르렀을 때, 바로 그때가 최고의 기회라고 생각합니다.

물론, 그 시점에 부동산 시장이 저렴하다는 보장은 없지만, 폭등한 주식시장이 급락하는 위험을 감수하는 것보다는 상대적으로 안정적인 자산으로 분류되는 부동산을 선택하는 것이 더 나은 선택이라 판단됩니다.

앞서 말했듯이, 군인으로서 우리는 주거 지원을 받습니다. 그렇다면 관사 지원을 받는 것에 안주하는 것이 아니라, 자신의 명의로 된 부동산을 매수하는 방향으로 나아가야 합니다. 그것이 서울이면 가장 좋겠지만, 자금이 허락하는 범위 내에서 매수를 해야겠죠?

서울 부동산을 구매하기 위해 은행 예적금, 군인공제회 저축만으로는 절대 불가능합니다. 정말 금수저가 아닌 이상, 이 방식으로는 집을 살 수 없습니다.

그리고 군 전세자금 대출을 통해서 해당 급지에 맞는 숙소를 마련하는 분들이 많이 있는 것 같습니다. 군 숙소 부족 현상으로 인해서 어쩔 수 없다고 하지만, 정말 간절히 찾아보면 다소 퀄리티는 낮아도 입주할 수 있는 간부숙소나 관사는 충분히 존재합니다.

군 전세자금 대출은 무이자라는 큰 장점이 있어 당장의 생활 여건이나 편의성을 높여주지만, 나중에 실제 부동산 시장에 진입하려 할 때, '대출'이라는 레버리지를 이용할 수는 없게 되는 큰 제약이 발생합니다.

그 이유를 여기에서 자세히 설명해 드리기는 힘들지만, 이미 여러분께서 군 전세자금 '대출' 상품을 이용하고 있기 때문에, 추후 부동산 투자를 위해 필요한 DSR(총부채원리금상환비율), LTV(담보인정비율) 등의 제약 기준에 부딪힐 수 있습니다. 그 결과, 추후 부동산 투자를 하게 될 때는 불행하게도 본인의 현금자산만으로 해야 할 수도 있고, 아니면 계속 주식시장에만 머물러야 하는 상황이 올 수도 있습니다.

결혼을 통해 가정을 꾸리게 되면, 양가 가족과 사랑하는 아내 등을 잘 설득하기 위해서 본인만의 분명한 철학과 원칙이 있어야 하는 것이 '주거' 문제입니다. 군인 부부라면 간부숙소나 관사의 현실성에 대해서 공감은 하시겠지만, 사회 직장인(민간인)과 결혼한 분들은 군 숙소의 퀄리티나 지원 수준에 대해 "왜 이 정도도 안 해주지?"라는 인식을 많이 가지고 있고, 이미 군과 관련이 없는 분들조차 그렇게 생각하는 경우가 많습니다.

하지만 너무 부정적인 시선으로만 보면 안 좋은 점만 보일 수밖에 없습니다. 조금만 떨어져서 바라보면, 직장 중에서 이 정도로 주거를 지원해 주는 것도 흔치 않다는 점을 인식할 필요가 있습니다.

지역별로 급지가 나뉘기 때문에, 군 전세자금 대출의 지원 금액도 지역별로 달라집니다. 서울 주변 1급지를 예로 들어보죠. 예를 들어 3억 원이라는 큰돈을 군 전세자금으로 지원받아 민간 아파트에 거주하는 것보다는, 자산의 종잣돈을 불리고, 추후 부동산 투자 등 미래를 준비한다는 관점에서 조금 다르게 생각해 볼 필요가 있습니다.

차라리 월 10~20만 원 정도의 관리비만 내고, 부족한 퀄리티라도 관사 지원을 받으세요. 관사 내부를 최소 비용으로 인테리어 공사를 받아도 좋습니다. 이것이 장기적으로는 훨씬 더 나은 부동산 투자 기회를 만드는 선택입니다.

도배나 장판도, 매번 이사할 때마다 새로 하기는 어렵겠지만, 생각보다 비용이 많이 들지 않습니다. 현재 시점에서 200만 원 정도면 도배와 장판을 새집처럼 정비할 수 있는데, 서울 직장인들이 월세로 평균 80~100만 원씩 지출하는 것과 비교하면 상당히 효율적인 투자입니다.

반면, 군에서 주택담보대출 3억 원을 미리 받아버린다면, 훗날 실제 부동산 투자가 필요할 때, 추가 대출을 받을 수 없는 안타까운 상황에 놓일 수 있습니다. 어떤 은행이 군에서 이미 3억 원을 지원받은 사람에게 또다시 대출을 해주며, 투자를 권장할까요? 사회적으로도 군 지원 대출을 받으면서 추가로 투자 목적 대출을 받는다는 것이 용인되기 어렵습니다.

정연호, <군인 친구 부자 마인드 수업>

그래서 저는 조금 더 멀리 내다보는 시선으로 간부숙소와 관사에 사는 것을 적극 권장합니다. 물론, 좋은 퀄리티의 집에 살고 싶어 하는 것이 인간의 본성이고, 당연한 것입니다. 하지만, 이 글을 읽고 계신 여러분께서는 일명 '관사테크' 라고 불리는 군 숙소 활용법을 진지하게 고려해 보세요.

생각보다 너무 간단한 이 원리를 깨닫는 데 많은 사람들이 시행착오를 겪습니다. 아무리 다른 사람들이 훈계하고, 조언하고, 알려줘도 본인이 직접 잃어보고 경험하지 못하면 체감이 어려운 것이 현실입니다. 어쩔 수 없습니다. 저도 직접 잃어보고 나서야 깨달았습니다.

주변 사람들이 저와 같은 같은 시련과 고난을 겪는데 그냥 지켜만 보고 있는 것이 올바르지 않다고 생각합니다. 안정이란 단어로 포장된 우물에 들어가는 것을 가만히 보고 있을 순 없죠.

방법은 여기까지 설명해 드릴게요. '주식 종목 추천' 이나 "언제 사고팔아야 해요?"라는 정말 수준 낮은 내용을 기대하셨다면 죄송합니다. 그런 건 신년운세 보면서 점쟁이에게 물어보시길 바랍니다.

"우리 은행 찾아가 볼까? 평일에 갈 시간도 없는데 어떻게 해야 할까?"

"은행은 왜? 적금 해지한다며?"

"나 부동산 관심이 생겼는데, 내 돈으로 매수하는 것은 불가능해서 대출이 어느 정도 나오나 궁금해서!"

"민수야, 너 진짜 잘 생각했다. 그런데 요즘 온라인으로도 소득 수준만 알면 대출한도를 알 수 있어."

"아, 진짜? 그걸 왜 지금 알려줘?"

"매번 네가 관심 없어 했잖아? 알려달라 해야 알려주지."

"우리 그럼 10억도 대출할 수 있는 거야?"

"연간 소득을 고려해야겠지만, 우리 연봉이 약 5천만 원이어서 그건 불가능할 거야. DSR과 LTV를 공부해 보면 은행에서는 우리 소득 고려해서 대출 상환능력을 고려해서 빌려줄 거야."

"너 대출도 알고 있고 정말 대단하다!"

다양하게 비교할 줄 알아야 해요.

"군인 적금, 군인공제회로는 도저히 부자가 될 수 없겠다…."

"민수야! 공부 많이 했구나?"

"내가 적금 계산기를 통해서 해봤는데, 그나마 군인공제회가 낫기는 한데 우리가 10년 뒤에 가지고 있는 돈이 물가상승률을 고려하면 그렇게 큰 가치가 없다는 것을 깨달았어."

"혹시 미국 주식은 어때? 너 한국 주식만 하고 있잖아."

"한국 주식…. 하고 있지. 근데 다 마이너스야."

"미국 주식 개별 종목보다는 주가지수(나스닥, S&P)를 추종하는 ETF를 구매해 보는 것 어때? 매월 적금하는 개념으로!"

"위험하지 않을까?"

"10년 이상을 고려하면 오히려 몇 배 이상을 모으는 방법이라고 공부했어. 그리고 나는 지금도 꾸준히 투자 중이야."

"괜찮은데? 나도 장기 투자하고 싶어! 퇴근하고 알려줘!"

많은 분들이 이렇게 생각하실 겁니다.

"군인 적금 이율도 높고, 군인공제회는 복리로 이자도 많이 주는데, 왜 별로예요?"

"은행 예적금이 별로라는 것은 알겠는데, 군인 적금과 군인공제회는 그래도 괜찮지 않나요?"

위와 같은 생각을 하고 계신다면 지난 시간을 되돌아 볼 필요가 있습니다. 과거 10년 동안 같은 금액으로 군인 적금과 부동산 투자, 미국 주식을 투자했을 때 결과가 어떻게 나왔는지 비교해 보시길 바랍니다.

대부분 사람들은 이런 계산이나 비교하지도 않은 채, 단순히 '이자 00%'라는 수치만 듣고 자신의 선택이 비교적 나쁜 선택이 었다는 것을 인정하지 않습니다.

다 보여드리고 싶은 마음이 큰데, 직접 해봐야 압니다. 일반적으로 '은행 적금 < 군인 적금 < 군인공제회' 순으로 수익률이 높다 생각합니다. 미국 주식이나 부동산은 비교 대상에서 완전히 빠진 채로 말이죠.

복리 저축 수단은 군인공제회 저축 뿐이라는 생각을 과감히 버리세요. 한곳에 생각을 매몰 시키지 마세요. 미국 '나스닥 지수', 'S&P 500'. 이 두 지수의 10년 전과 오늘 날짜의 수치를 놓고 비교해서 수익률을 확인해 보세요. 그리고 동일한 기간 동안 군인공제회에 저축했을 때의 수익률도 비교해 보세요.

요즘에는 Chat GPT에 검색만 해도 수익률을 쉽게 비교하고 분석해 줍니다. 예를 들어, 월 100만 원씩 10년간 저축했다고 가정하고 방법별 최종 금액이 얼마나 되는지 직접 눈으로 확인해 보신다면 결코 군인공제회가 정답이 아니라는 사실을 알게 될 겁니다.

결국, 절박함 속에서 본인이 직접 찾아보고 수치로 된 결과를 확인해야 진짜 공감하고, 가슴에 와닿습니다. 그래야 제가 왜 미국 주식 상품에 투자하라고 하는지 느끼실 수 있을 것입니다. 물론 모든 경제·금융 위기 속에서도 잘 버틸 수 있는 강한 멘탈은 투자하면서 투자자 본인이 스스로 키우고 훈련해야 합니다.

군인 아파트는 최고의 기회에요.

군인 관사, 군 관사, 군인 아파트에 관한 이야기를 앞서 드렸지만, 혹시 신축 아파트가 부러워서 군인 아파트에 사는 것이 눈치 보이나요? 우리는 '주거 지원'이라는 결과물을 꼭 새로운 아파트로 바라볼 필요는 없습니다.

"군인아파트에 사는 것이 괜찮은 선택인 것을 최근에 알았어."
"그렇게 마음 변했다니깐 다행이다. 전역 생각은?"
"지금 나가서 당장 할 것도 없는데, 나가고 싶은 마음만 있었어. 그리고 왠지 군인이어도 부자가 될 수 있을 것 같아."
"군인 아파트에 살면서 현실적인 투자를 하는 것도 불법은 아니니깐 우리 같이 노력해 보자"
"그리고 군인 아파트가 낡긴 했는데, 씻고 자는 데는 전혀 불편함이 없어서 또 감사하게 생각하게 되네."

'주거 지원을 받았다' 라는 그 사실만 놓고 보면 정말 감사해야 합니다. 혹시 관사가 과도하게 노후 되거나 낡았다면, 부분 리모델링 정도는 본인 자금으로 해보세요. 군인이 아닌 사회인들이 월세 100만 원씩 내는 것에 비하면 벽지 도배만 해도 미혼 간부용 원룸 기준 100만 원 이하로 깔끔하게 정리할 수 있습니다. 그런데 군인 관사, 숙소에는 돈 쓰는 것을 아까워하면서 옷이나 신발 등의 명품에는 아낌없이 지갑을 여는 주변 군인을 보면 정말 아쉽습니다.

제가 정말 적나라하게 비교해 드릴게요. 독신숙소는 일부 전기·도시가스 비용을 지원받고, 월 관리비 4~5만 원 정도만 납부하고 있습니다. 서울, 경기, 강원도 등 지역과 관계없이 대부분의 미혼 간부는 이 정도의 비용을 지불하고 있습니다.

그리고 관사(부양가족 1인 이상)를 지원받는 분들은 일정 보증금을 납부한 후, 월 10~15만 원의 관리비(개인차 있음)를 내며, 군에서 지원되는 59㎡(약 20평) 이상의 집을 군에서 지원받고 거주합니다.

그런데 '시설이 너무 낡았다'라는 이유로 군 전세자금 대출을 받는 것은 나쁜 선택입니다. 도배와 장판에만 새로 해도 집이 새집처럼 바꿀 수 있고, 실질적으로 돈을 더 많이 아낄 수 있습니다.

보통 부동산을 보유한 사람들은 새로운 세입자(전세, 월세)를 받기 전, 이전 세입자의 흔적을 없애기 위해 도배/장판/입주 청소를 합니다. 군에서는 입주 청소나 도배, 장판까지 일일이 해줄 능력이 사실상 부족합니다. 그건 받아들이셔야 해요. 좋은 집에는 살고 싶은데, 군 숙소에는 돈 쓰고 싶지 않은 마음은 당연히 이해합니다.

사회 직장인들은 비슷한 크기의 집을 월 100만 원 넘게 내면서 살아가고 있습니다. 군인은 이런 돈을 오랜기간 투자에 활용할 수 있습니다.

이런 시선으로 생각한다면, 여러분이 군 숙소를 통해 얼마나 큰 주거 혜택을 받고 있는지 느껴지실 겁니다. 물론, 군 숙소가 부족해서 대기인원이 많다, 입주까지 오래 걸린다는 불편도 분명 존재합니다.

하지만 저는 그 정도의 기다림과 노력은 충분히 가치 있는 투자라고 생각합니다. 정말 간절하다면, 계속 전화해서 상황을 설명하고,

여러분의 현실을 적극적으로 호소해 보세요. 생각보다 정답을 구할 곳은 많고, 여러분에게 도움을 줄 가능성도 꽤 높습니다.

괜찮아요. 이제 방법을 알았잖아요.

"이번 주에도 부동산 임장 갈래?"
"저번 주도 갔잖아? 또 가려고?"
"내가 인터넷 부동산으로 괜찮은 집도 찾아봤고, 대출 가능 금액도 알아봤고, 현금도 일부 준비해서 매수 가능할 것 같아."
"너 혼자 그렇게 많이 알아본 거야?"
"네가 너무 부러워서 공부 많이 했어. 같이 가 줄 거지?"
"당연하지! 내가 더 잘 아는 분께 물어볼 테니깐 네가 본 지역과 부동산 알려줘!"
"고마워! 끝나면 내가 밥이랑 커피 다 살게!"
"좋아! 휴가 올릴게!"

우리는 부자가 될 수 없는 것이 아니라, 그 방법을 몰랐던 것뿐입니다. 그리고 저는 그 원인 중 하나가 군대라는 환경에 있다고 생각합니다. 물론, 역발상을 한다는 것은 어렵습니다. 바쁜 군 생활 속에서 이렇게 재테크(주식, 부동산) 관련해서 이야기하면, 죄다 '문제 간부', '일에는 관심 없는 간부'로 인식하는 편협한 시선을 받으며 제대로 의견을 표현하기도 어렵기 때문이죠.

사실 '물고기 잡는 법'을 알려주는 사람을 군에서 찾기를 원했는데, 그 어디에도 없더라고요. 업무 알려주는 사람과 훈수 두는 사람은 많았어도, 인생에 정말 중요한 '돈'과 관련된 이야기를 하는 사람은 없었던 것이죠. 10년 전부터 항상 이런 정보를 주고, 방향성을 제시해 줄 수 있는 사람이 있으면 얼마나 좋았을까요. 그래도 지금이라도 알게 되었으니 얼마나 다행인가요.

사람은 누구나 누군가에게 기대고 싶은 마음이 있기 마련입니다. 그래서 더더욱 그 기대를 충족시켜 줄 누군가를 바라고 있었던 것이겠죠. 일을 열심히 하는 것과는 별개로, '돈도 많이 벌고 싶다'라는 인간의 욕망이 더 크게 다가오기도 했습니다.

누구나 좋은 집에 살고 싶고, 좋은 차를 타고 싶고, 비싼 옷을 마음껏 사고, 비싼 음식을 마음껏 먹고 싶어 합니다. 이런 인간의 자연스러운 욕망을 '군인이니깐, 군인을 선택했기 때문에'라는 핑계는 우리 인생에 도움이 되지 못합니다. 핑계를 댈 수는 있죠. 만약 부자가 될 수 있다는 생각을 못하고 있다면 말이죠.

군인이 부자가 되는 것은 불가능하지는 않다고 확신합니다. 하루라도 빨리 먼저 깨우치는 것이 필요하겠죠. 인간의 한계는 남이 정해주는 것이 아니라 자기 스스로 정한다고 합니다. '나는 부자가 될 수 없다는' 그 한계, 굳이 스스로 정하지 않아도 됩니다.

일확천금을 한 번에 벌 수 있는 직업은 이 세상 어느 곳에도 없습니다. 그런 사람들은 금수저로 태어난 자식들, 정말 극소수의 1%에 불과합니다. 여러분은 여러분이 선택한, 즉, 군이라는 조직 안에 방법을 찾아야 합니다. 계속 부정하고 회피만 한다면, 빨리 전역하는 게 맞습니다.

그런데 아마 다른 직장을 가더라도 똑같은 것을 느끼게 될 것이고, '군대가 오히려 나았구나' 라는 생각도 할 때가 올 겁니다. 방법을 갈망하고, 방향성을 찾고 있다면 제가 앞에서 말씀드린 방식들로 경제적 자유를 이룰 수 있다고 확신합니다.

지금이라도 늦지 않았습니다.

모두 부자 됩시다. 저도 부자가 되고 싶거든요!

전역 직전! 금융 문맹 탈출

정재우

작가 소개

정재우

2009년 학군 47기로 임관하여, 24년도 3월에 전역하였습니다.
이 책을 통해 전역을 앞둔 군인들이 걱정보다는 설레임을 안고 전역하길 기대해봅니다.

어린 시절 나의 경제관념

부사관인 아버지는 항상 돈이 없었다. 대체 그 월급은 다 어디로 갔는지 알 수가 없었다. 부모님은 돈 때문에 자주 다투셨고, 어머니는 내가 어렸을 때 부터 새벽 우유배달, 공장 소작업, 캐셔 등 해보지 않은 일이 없으셨다. 어머니는 항상 귀에 딱지가 앉을 정도로 말씀하셨다.

"아끼고 저축하는 것이 최고다."

'저축이 답이다' 라는 생각을 가지게 된 것은 아마 이 때부터였던 것 같다. 나는 중학교 시절부터 아르바이트를 했고, 내 용돈은 스스로 벌었다. 그렇게 번 수입 중 절반은 아버지, 어머니, 형에게 나누어주었다. 어린 시절이였지만 이렇게 하는 내 스스로가 너무 뿌듯하고 자랑스러웠다. 그리고 나머지 절반은 당연히 고생한 나에게 선물하느라 바빴다.

'저축을 해야한다' 라는 것을 알고 있었지만 그렇게 하고 싶지 않았다. 한 달에 몇 만원씩 모아봤자 다음 달이면 또 월급이 나올 텐데, 굳이 한 달에 몇 만원씩 저축을 왜 하나 싶은 생각이 들었다. 월급으로 사고 싶었던 옷도 사고, 친구들과 어울리며 기분 좋게 한 턱 내고... 나는 그렇게 살아왔다. 미래에 대한 걱정없이.

그렇게 나는 20대 초반 젊은 날을 의미 없이 흘려보냈다. 여기서부터 내 경제 인생의 첫 단추가 잘못 끼워지기 시작한 듯 했다. 2008년, 4학년 하계 입영 훈련 도중 친해진 한 동기가 있다. 그 친구가 하는 말에 나는 망치도 아닌 해머로 머리를 세게 맞은 기분이 들었다. 이 동기는 어렸을 때부터 투자를 해오고 있었다.

"펀드에 OOO만원 들어가있고, 주식으로 해서 OOO만원이 있어, 그리고, 내가 번 돈으로 자동차까지 사서 타고 다니고 있지"

같은 나이지만 굉장히 형처럼 느껴졌다.
'대학교 4학년이 이렇게 할 수 있다고?'
'실제로 안봤다고 거짓말하는 거 아니야?'
'집이 잘 사니까 그런 거겠지'
다양한 핑계로 그 동기를 부정적인 시각으로 바라보았다.

그 동기와 이야기를 나누며 깨달은 것은, 나는 힘들게 아르바이트를 해서 번 돈을 모두 노는데 써버린 반면, 그 동기는 아르바이트를 해서 번 돈을 투자하는데 사용했다는 점이었다. 나와는 전혀 다른 세상을 사는 친구처럼 느껴졌고, 친구라고 느껴졌고, 나는 스스로가 정말 초라하게 느껴졌다. 나는 현재를 위해 돈을 사용했고, 동기는 미래를 위해 돈을 사용했다.

그 이후 나는 아끼고 아껴 쓰며 그저 '저축' 만 했다. 하지만 시간이 지나도 내 자산은 그 동기를 따라잡을 수 없었다. 저축만 반복했던 35살의 나는 6천만 원, 동기는 5억 이상의 자산을 가지고 있었다.

투자자로 유명한 작가 존 리가 그의 저서 「존리의 부자되기 습관」에서 강조하는 것이 바로 '시간'이다. 투자는 일찍 시작하는 것이 중요하다는 것이다. 자산은 '시간'이라는 자양분을 먹고 복리공식에 의해 불어나기 때문이다. 나는 저축이 나쁘다는 이야기를 하려는 것이 아니다. 저축하여 모은 돈을 어떻게 사용하는가에 따라 미래에 큰 차이가 생긴다는 것이다. 저축 이자보다 자산 수익률이 더 높다는 사실을 38살이 되어서야 깨달았다는 것이 너무 아쉬웠다. '저축만 할 것인가, 아니면 저축한 돈으로 자산을 구매할 것인가'에 대한 고민은 이제 더 이상 나에게 의미가 없다. 바로, 돈이 스스로 일하는 시스템을 구축했기 때문이다.

'금융 문맹은 질병'이라고 존리 대표는 이야기한다. 그래서 나는 지금 딸에게 재테크의 개념을 조금씩 가르치고 있다. 기본욕구에 충실한 어린 딸에게 금융교육을 하는 것이 쉽지만은 않지만, 나는 내 딸을 가난하게 살지 않도록 하기 위해 포기하지 않고 계속 가르칠 생각이다. 소비를 통해 얻는 즐거움보다 더 큰 즐거움이 있는 것을 분명히 알고 있기 때문이다.

임관 전에 무수히 받은 경제교육, 훈육관님과 단장님의 조언, 그리고 임관 후 보병학교에서 받은 경제교육들로 인해 나는 나의 경제 개념이 내 또래 친구들보다 더 탄탄하다고 자만하고 있었다.

군인은 나라에서 많은 부분을 지원해주니 마음만 먹으면 저축을 많이 할 수 있다. 군인인 나에게 은행, 금융회사, 군인공제회, 보험사는 자신의 상품에 가입만 하면 노후는 문제가 없을 거라고 했다. 그들의 영업 전략에 내 경제 개념은 완전히 망가졌다. 저축과 변액보험 투자를 하면 노후에 돈 걱정 없이 살 수 있다고 확신했다. 하지만, 38살의 나의 자산은 나는 군인공제회 적금 6천여만 원이 전부였다. 군인공제회 적금 역시 신차 구매와 결혼 준비 등 이유로 부분해약도 자주 했다. 15년 가까운 저축의 결과는 비참하고 처참하였다. 돈 걱정 없이 살고 싶어 나름대로 아끼면서 살아왔지만, 내 기대와는 전혀 다른 결과가 내 눈앞에 펼쳐져 있었다.

전역이 눈앞에 다가왔고, 예상되는 미래는 너무 암울했다. 이렇게 모은 돈으로 전세집 하나 구할 수 없었고, 경제적으로 보탬이 되고자 매수했던 했던 '89층' 삼성전자 주식은 어느새 반토막이 나 있었다. 나의 잘못된 경제개념이 아내와 딸을 위험에 빠트리고 있는지도 모른 채 살아가고 있었던 것이다. 하지만 지나간 시간을 되돌리기엔 너무 늦어버렸다.

잘못된 만남 : 변액보험

소위로 임관 후 부대로 전입했을 때, 나의 전임 소대장은 부재였다. 지휘 실습 때도 얼굴은 보지 못하고 통화만 했었다. 전임 소대장은 그렇게 6월에 전역하였다. 그리고 그가 전역한 지 2~3개월 정도 지났을 무렵 부대 앞에서 밥한번 먹자며 전화가 걸려왔다.

그때 나는 군기가 바짝 들어있는 소위였기 때문에, 전임 소대장을 만나러 부대 밖으로 나갔다. 처음 대면하는 날이라 서먹서먹할 줄 알았는데, 전임 소대장이 말을 잘해서인지 분위기는 좋았다. 밥을 다 먹고 카페로 발걸음을 옮겨 이야기를 이어나갔다.

"니 저축은 어떻게 하고 있냐?"
"군인공제회하고, 청약, 보험 외에는 없습니다"
"너 어차피 군 생활 오래 할 꺼니까 장기 투자랑 저축이 같이 되는 거 하나 있으면 좋겠는데, 이거 한번 봐봐"

이후 뒷 이야기는 아마 예상되겠지만, 나는 그날 바로 '변액보험'에 가입하게 되었다. 그것도 월 20만 원 납입조건이었다.

'투자랑 저축, 보험도 같이 되는 거니 좋은 거지'

'역시 나는 내 또래 애들보다 경제 관념이 투철해' 라며 내 자신을 추켜세웠다. 바보처럼.

이렇게 시작된 나의 '변액보험'은 장장 8년이라는 시간을 나와 함께 하였다. 전임 소대장은 중간에 일을 그만두었는지 내 전화를 피하며 연락이 안 되기 시작하였고, 수소문해 보니 내 '변액보험'을 담당하는 담당자도 여러번 바뀌어 있었다. 그날 나는 변액보험을 해지하였다. '변액보험'에 8년 동안 원금 약 2천여만 원이 들어갔으나, 수익은커녕 일반은행 저축 이자보다 못한 결과를 가져다주었다. 해지한 후 내 수령액은 불과 500만 원 남짓이었다.

화가 치밀어 올랐다. '변액보험'을 소개시켜준 전임 소대장에게, 그리고 바보같이 제대로 알아보지도 않고 그저 사람만 믿었던 내 스스로에게 울화통이 터졌다. 만약 소위였던 내가 이때 매월 20만 원씩 적립식 주식투자를 했다면, 어떤 변화가 있었을까?

삼성전자 기준으로 매월 5개 주를 매수한다고 가정했을 때, 최고점 기준 최소 4600만 원 이상, 저점 기준 최소 2100만 원 이상의 수익을 거뒀을 것이다. 거기다 복리효과까지 더해지면… 아마 상상치 못할 수익률과 수익금이 발생했을 것이다. 경제 무지했던 내 자신 때문에 경제적 여유를 가질 기회를 이렇게 허무하게 놓치게 되었다.

이후, 전역한 훈육관님에게도 나는 보험 가입 권유를 몇 번 받았지만 이미 경험이 있는 나는 쉽게 거절할 수 있게 되었다. 변액보험과 투자저축성 보험은 일반저축보다도 큰 이익을 주지 못한다는 것을 이미 알고 있었기 때문이다.

관사 나오는데 당연히 아파트 사야지!

매달 70만원 이상 납입했던 군인공제회에는 약 4천여만 원 정도 돈이 쌓여있었다. 그래서, OAC 입교 전 28살에 새 차를 뽑았다.

"중대장이 차 없이 걸어 다니면 모양새가 빠지지 않겠어?"

당시 갓 출시된 신형 K5를 군인공제회 부분 해약금과 할부결제를 통해 차를 샀다. 나는 멋지게 선루프를 열고 내 차를 마음껏 뽐내면서 차를 몰고 다녔다. 하지만 그게 다였다.

시간이 흘러 부대에 후임자가 전입왔다. 이 후임은 매일 방에만 틀어박혀서 게임만 하고 삼시 세끼를 다 부대에서 해결했다. 젊고 혈기왕성한 나이에 이렇게 생활 하는게 나는 이해가 되지 않았다.

한날은 내가 나가서 밥먹자고 이야기했더니 그는 돈이 없다고 말했다.

방에서 게임만 하고, 삼시 세끼를 부대에서 밥을 먹는데 돈이 없다는 말에 나는 당황하면서도 한편으론 걱정도 되었다.

"방에서 게임만 하고, 밥을 부대에서 먹는데 왜 돈이 없냐?"
"아파트 사서 대출금 나가니까 남는 게 없습니다"
"관사 나오는데 왜 아파트를 사나?"
"부모님이 무조건 사라고 해서 샀습니다"

어안이 벙벙했다.
'관사가 나오는데 아파트를 왜 샀을까?'
'아직 나이가 젊은데 아파트가 필요할까?'
'무슨 재미로 인생을 살지?'

지금 생각해보면 이 후임이 승리자다. 후임이 매매한 아파트는 정확히 기억나지 않지만, 수도권 일대 유명한 아파트 브랜드라는 것은 기억에 남는다. 아마 이 후임은 부동산으로 큰 돈을 벌었을 것이다. 부모의 경제관념이 자식들에게 미치는 영향이 크다라는 것을 깨달았다.

'우리 엄마가 아파트를 사라고 했다면, 우리 아빠가 저축보다는 투자를 먼저 해야한다는 것을 알려줬다면...?'

만약 그랬다면 나는 새차를 사지 않았을까? 내 경제 개념이 바뀌었을까? 내 부모님을 원망하는 것은 아니다. 부모님 또한 그 누구보다 열심히 살아오셨고 두 자녀를 건강하게 잘 키워주셨기 때문이다. 그럼에도 불구하고 내가 깨달은 것은, 어릴 때부터 내 자녀에게 건전한 경제교육을 해야겠다는 점이었다. 그리고, 관사 지원을 받을 수 있다면 한살이라도 어릴 때 아파트를 사야 한다고 생각한다. 군 생활하는 동안에 관사 거주는 불가피한 경우가 많아, 굳이 내 집에서 거주할 필요가 없기 때문이다. 관사 거주의 '기회'를 살려 아파트를 사고 자산에서 수익이 나오는 시스템을 구축해야 한다.

평생 관사에서 살줄 알았다 : 군인 청약

임관 당시 나는 상위 5%로의 성적으로 학교장 상장과 메달을 목에 걸고 임관했다. 하지만, 소령 진급에 계속 누락되었다. 넘치는 자신감은 사라지고 어느새 걱정이 자리 잡기 시작했다. 그러던 중 나를 믿고 지지해주는 선배가 다가와 나에게 이야기를 꺼냈다.

"너 아파트는 있냐?"
"없습니다. 제가 무슨 아파트가 있습니까, 진급도 못 했는데"
"진급 이런 건 나중 가면 아무 필요 없다. 군 생활 10년 이상 했으니 특별공급으로 아파트 청약해"
"그런 게 있습니까?"

당시 나는 세상 물정 하나도 모르는, 그저 진급만 바라보며 일만 하는 실무자 대위였다. 군 특별공급을 활용해 아파트 청약을 신청해야겠다는 다짐하고 선배에게 이런저런 조언을 받았다.

'아파트는 무조건 유명한 브랜드여야 한다, 수도권에 위치해야 한다, 역세권이어야 한다, 자녀가 있으니 초등학교가 가까워야 한다' 등과 같은 이야기를 들었다. 나는 현장에 가보지도 않고 네이버 지도 하나만 보고 군 특별공급 청약을 신청했다. 누구는 100번 도전해도 안 된다던 군 특별공급 청약이 나는 단 세 번 만에 됐다.

"선배님, 청약 되버렸는데 이거 괜찮은겁니까?"
"당연하지! 전역하면 어차피 내 집 하나는 있어야 돼"
"근데 저 모아 놓은 돈이 군인공제회밖에 없습니다"
"대출로 진행하면 되니까 걱정하지 마"

제대로 알아보지 못한 내 아파트는 지금 다시 보니 입지가 별로였다. 대중교통은 불편하였고 주변 상권은 변변치 않았다. 하지만 같은 시기에 완공된 옆 동네 브랜드 아파트는 내 아파트 분양가보다 5천만 원이나 저렴하였지만 지금은 1억 넘게 차이가 난다.. 그 아파트는 8차선 도로에 인접해있고, 지하철역도 도보로 10분이면 갈 수 있는 그런 아파트였다.

자의 반 타의 반으로 1주택자가 되며 3가지 사실을 깨달았다.
첫 번째, 직업군인은 대출이 아주 쉽게 나온다.
두 번째, 대출도 자산이다.
세 번째, 대출은 전혀 어렵지 않다. 서명이 오래 걸릴 뿐이다.
만약 내가 부동산에 조금이라도 관심을 갖고 공부를 했더라면, 더 좋은 입지에 있는 부동산에 투자하여, 내 자산을 더 효과적으로 불려 나갔을 것이다. 물론 이 또한, 경제에 무지한 내 자신을 탓할 수밖에 없다.

정재우, <전역 직전! 금융 문맹 탈출>

인생의 은인을 만나다

　　나는 주식은 '도박'과 같다고 생각했었다. 주식해서 망한 사람들을 TV에서 많이 봐왔기 때문이다. 결혼 후 자녀가 생길때까지 나는 주식을 하지 않았다. 그 당시 나는 '군인공제회'가 내 인생의 정답이라 생각하고 있었다. 2020년, 코로나19 사태가 발생했을 때였다. 전 세계가 코로나19 뉴스로 가득 차 있을 때 '삼성전자' 주식이 상한가를 찍었었다. 같이 근무하던 선배님이 갑자기 소리를 질렀다.

　　"왜 그러십니까?"
　　"내 아내가 나 모르게 삼성전자 주식을 샀었나봐, 근데 지금 엄청 올라서 돈을 좀 벌었어!"
　　"주식 하십니까?"
　　"넌 주식투자 안 해?"
　　"네, 저는 군인공제회 Full 구좌 납입하고 있는 게 다입니다"
　　"삼성전자 지금 오르고 있으니까 빨리 너도 사"

　　쌈짓돈과 비상금을 탈탈 털어 나도 삼성전자 주식을 매수했다. 남들이 '삼성전자'를 외치고 있었기 때문이다. 나도 남들 따라 주식을 매수했다. 그때부터 나는 매달 조금씩 삼성전자 주식일 매수했다. 지금 하고 있는 삽질이 내 무덤인지도 모른 채 말이다.

그렇게 2020년에 첫 주식을 매수하고 약 3년의 시간이 흘렀다. "나만 사면 물린다"라는 말이 왜 생겼는지 알게 되었다 처음 매수했던 89층 삼성전자 주식은 꾸준한 매수로 평단가가 83층 어간으로 내려갔음에도 여전히 반토막이었다.

'변액보험도, 부동산도 다 남들 따라가다가 손해만 보는구나'
'이미 실패를 경험했는데, 또 똑같은 실수를 반복했구나'

부끄러웠다. 그나마 다행인 것은 아내가 나의 주식 투자 사실을 몰랐다는 것이었고, 이 사실을 아내에게 말할 용기가 나지 않았다. 전역 일자가 다가오고 있었다. 앞으로 어떻게 살아야 할지, 어떤 직업을 가져야 할지, 주거문제는 어떻게 해결해야 할지 등 모든 것 들이 걱정 투성이었다. 그러다 인사 이동으로 강원도에 있는 부대로 전속되었다. 그리고 이것은 당시 시간을 허비하던 내 인생이 큰 전환점으로 찾아왔다. 새로운 부대에서 리치비님을 만나게 되었던 것이다. 나는 실무자로, 리치비님는 나의 과장님으로 함께 근무를 하게 되었다.

군대에서 '주식' 이야기는 하지 않는 것이 불문율이다. '주식' 한다고 하면 관심 간부로 낙인 찍히는 게 당시의 분위기였기 때문이다. 리치비님과 훈련 현장 지도를 단둘이 나가게 된 날이 있었다.

"얼마가 있어야 부자라고 할 수 있을까?"

정재우, <전역 직전! 금융 문맹 탈출>

"음... 한 10억쯤...?"
"그래? 그래서 넌 부자가 될 수 없는 거야"

자존심이 상했다. 나는 10억이면 부자라고 진짜 생각했기 때문이다. 훈련이 끝난 뒤, 이런저런 이야기를 하다가 내가 불문율을 깨기 시작했다.

"3년 전, 삼성전자 주식을 샀었는데 지금 거의 반토막입니다"
"그거 너가 공부하고 알아보고 산 거야?"
"이닙니다. 남들 살 때 그냥 따라 샀슙니다. 그래도 삼성은 망하지 않는 기업이니까.."
"내 껄 보여줄 테니 잘 봐"

나는 진심으로 놀랄 수 밖에 없었다. 내가 생각한 10억 부자가 내 옆에 있었기 때문이다. 이 10억 부자는 10억을 넘어서고 다음 단계까지 가고 있었다.

"삼성전자가 망하지 않는 기업이라고 했지?"
"네, 맞습니다. 우리나라는 삼성전자 아닙니까?"
"그럼 망하지 않는 나라는 어디라고 생각해?"
"음.. 미국 아닙니까?"
"그럼 미국에 투자해야 되는 거 아니야?"

리치비님은 'S&P500'에 대해 짧고 간결하게 설명해주었다. 나는 살면서 'S&P500', '레버리지' 등의 단어를 이때 처음 알게 되었다. 내 경제 지식의 밑천이 드러나는 순간이었다. 너무 창피하고 부끄러웠다. 내가 내 스스로를 봐도 이 정도인데 리치비님이 나를 봤을 때 얼마나 답답하게 느껴졌을까 하고 생각이 들었다. 이후, 나는 리치비님에게 1:1 코칭을 받았다.

첫 번째는 내가 가지고 있는 삼성전자를 매도하는 것이었다. 나는 자식을 떠나보내는 마음으로 반토막이 된 나의 삼성전자 주식을 매도하였다. 두 번째는 군인공제회 적금을 해지한 뒤, 자녀에게 2천만 원을 증여하였고 나머지는 안전자산이라 불리는 S&P500에 투자하는 것이었다. 마지막 조언은 주식이 오르든 내리든 신경 쓰지 않고 가만히 내버려 두는 것이었다. 그 결과, 1년 만에 자녀 주식의 수익률은 100%를 넘어섰고 내 주식 역시 80% 이상의 수익을 가져다 주었다.

'화폐가치는 떨어진다. 저축은 시간이 지날수록 손해다'
'저축이 주는 이자율보다 안전자산인 S&P500이 가져다주는 수익률이 더 크다'
'내가 자고 있을 때 자산들은 나를 위해 열심히 일을 한다'

리치비님의 멘토링 이후 나와 내 아내는 저축하고 있던 돈을 S&P500에 투자하기로 했다. 결과는 대성공이었다. 근로소득으로 모으려면 몇 년이나 걸리는 돈을 나는 안전자산인 S&P500에 투자함으로써 2년 만에 모을 수 있었다. 전역을 앞둔 시점에서 그 자산은 나에게 엄청난 안정감을 가져다주었다.

「돈의 속성」의 저자 김승호 회장은 좋은 돈은 좋은 친구(돈)들을 데려와서 더 큰 돈으로 만들어 준다고 말했다. 지금도 나는 'S&P500'에 투자하고 있다. 내가 자고 있을 때도 그것은 열심히 일해서 나에게 좋은 수익률을 안겨주고 있기 때문이다. 지금까지 살아오면서 잘못 끼운 단추들이 하나씩 풀리며, 다시 올바르게 자리잡고 있다는 생각이 들기 시작했다.

헬로키티 하나면 세상을 다 가진 듯 행복해하는 내 딸. 그런 딸의 계좌에는 수천만 원이 있다. 그걸 보고 있으면, 내가 살면서 가장 잘한 일은 내 딸에게 주식 계좌를 증여한 일이라 생각된다. 이후에도 내 주식은 1년 동안 수익률 46%를 기록하며 약 4,700만 원의 이익을 냈고, 딸에게 증여한 2,000만 원어치의 주식은 수익률이 100%가 넘어 약 2,100만 원의 이익을 내고 있지만 앞으로 복리 공식으로 불어날 내 자산이 나는 더 기대가 된다.

내 인생은 리치비님을 만나기 전과 만난 후로 구분할 수 있을 것이다.

결국 독서더라

나는 살면서 책과는 인연이 없었다. 그렇다고 공부를 엄청 못하지는 않았지만, 나는 '독서'를 굉장히 싫어했다. 만화책이나 무협 소설은 곧잘 읽었지만 교양 도서나 자기계발서는 쳐다보지도 않았다. 리치비님과 수많은 대화 속에서 빠지지 않는 주제는 바로 '독서'였다.

"전혀 모르는 것을 공부하려면 책 5권을 읽어보면 된다"
"독서를 해야 생각과 행동이 바뀐다"
"독서로 잠재의식을 일으키고 무의식에서 답을 찾게 된다"

'독서'를 통해 한 단계 더 성장하고 싶은 욕망이 자리 잡기 시작했다. 그 이후로 시간만 되면 '독서'를 하기 시작했다. 분야를 가리지 않고 '독서'를 하였고 이해가 되지 않으면 다른 책을 읽어보고 또 다시 읽어보았다. 그때부터 집중력도 좋아졌고, 고민했던 것들이 조금씩 풀리기도 하였다. 이후 나는 내 딸에게 책을 읽어 주는 것이 즐거워졌다. 이제 딸은 책을 읽어주지 않으면 잠을 자지 않을 정도로 책을 좋아하게 되었고, 내가 책을 읽고 있으면 딸도 자기 책을 가져와 나를 따라 내 옆에서 읽기 시작하게 되었다.

정재우, <전역 직전! 금융 문맹 탈출>

내 경제개념을 갖는데 가장 큰 도움을 준 책은 바로 롭 무어의 「레버리지」라는 책이다. 경제 서적 베스트 셀러인 책으로, 가장 대중적인 책이다.

'나는 금융 문맹 질병을 앓고 있었구나'
'나 같은 경제 무지렁이가 실패하는 이유가 다 있구나'

이 책을 읽는 순간, 나는 경제를 다시 바라보게 되었다. 레버리지는 대부분 위험하다고 생각하지만, 레버리지를 올바르게 사용한다면 경제적으로 이렇게 살지 않을 것이다. 레버리지를 일상생활에 적용한다면 하루하루가 쉽고 즐거울 것이다. 나처럼 금융문맹 질병을 앓고 있거나, 경제에 대해 무지하다고 생각된다면 가장 먼저 「레버리지」를 읽어보기를 추천한다.

그리고, 나처럼 부동산과 주식에 실패를 경험해본 사람이 있다면 경제공부를 할 것을 강력하게 추천한다. 말이 공부지 실제로는 다양한 사람들과 이야기를 하고, 생각하고, 확인하는 정도이다. 그리고 제일 중요한 것은 같은 관심사를 가진 사람들과 함께 시간을 보내는 것이다. 같은 관심사를 통해 모여진 사람들은 다양한 정보를 제공하고 가르쳐주기도 한다. 뜻과 결이 비슷한 사람들과 같은 방향을 향해 걸어 가는 것이 얼마나 즐거운 일인지 한번 느껴보길 바란다.

다만, 유튜브에 검색해서 나오는 자칭 전문가들의 말을 듣는 것보다는 내가 '독서' 해서 깨달은 것들에 한해 이야기 하는 것이 더 바람직하다.

 '저축'만 했던 나, 투자를 하지 않고 시간을 허비한 나, 남들의 말만 믿고 주식을 사고 아파트 청약을 신청한 나, 독서와 공부를 하지 않았던 나. 그런 나를 돌이켜보니 바보스럽기도 하지만 안쓰럽기도 하다. 지난날의 잘못된 선택을 되풀이하지 않고 가족들을 경제적으로 위험에 빠뜨리지 않기 위해, '저축'으로 모아 놓은 돈을 바탕으로 투자하며, 올바른 경제개념을 가지고 있는 사람들을 만나 주식과 부동산에 대해 공부하고 있다. 또한, 꾸준한 독서와 글쓰기를 통해 올바른 지식과 마인드를 갖추기 위해 지금도 노력 중이다.

 꾸준한 독서를 통해 잘못된 생각을 바로잡고, 부동산 입지는 넓고 다양하게 공부하며, 저축과 주식투자를 반드시 병행하길 추천한다. 그리고 보험은 필수가 아니라 선택이다. 특히, 저축성 또는 투자형 보험을 맹신하질 않길 당부 드린다.

 나와 같이 잘못된 선택으로 인해 미래가 보이지 않는 사람이 있다면, 이 글을 통해 변화하기를 간절히 바라본다.

제 3 장

나는 집 주인이다.

내 보금자리를 가지고 싶은 욕망... 누구나 꿈꾸는 내집을 마련하기 위해 무엇을 해야할지 몰랐다. 성실히 군 복무를 마치면 내 집 하나 쯤은 턱 하고 생길 줄 알았지만, 막상 군 선배들은 그 방법으로 내 집 마련을 성공하지 못하는 경우가 더 많았다. 그래서 우리는 지금 내 집을 마련하기로 결심했다.

네이버 카페 리치군인
함께 하는 재테크 스터디
#자본주의 #독서 #부동산 #경매 #짠테크 #주식 #이커머스

29살 여군의 첫 아파트

이서연

작가 소개

이서연

현역 육군 13년차 여군 상사.
군인 월급으로 재테크 3년 만에 10억 자산을 이룬 실전형 투자자.

군 생활 11년차에 인생 은인 Rich Bee를 만나 재테크를 시작한지 3년 만에 약 10억원의 자산을 이뤄냈습니다. 군 생활도 재테크도 성공적으로 이어가고 있습니다.

누군가의 삶에 작은 용기가 되길 바라는 마음으로 이 이야기를 담았습니다.

돈 때문에 좌절한 스무살

15살 때부터 군인이 되고 싶었던 나는 결국 여군이 되었다. 군인은 내 성격과 맞을 것 같았고, 군복을 입으며 나라를 지키는 모습이 멋있어 보였기 때문이다. 군인이 되려면 사관학교에 입학해야 한다고 생각했지만 당시 성적도 어림없었고 공부도 열심히 하지 않았다. 고3 시절 대학교 홍보 책자를 통해 '부사관'이라는 것을 알게 되었다. 전문대라도 대학은 가야 하니 장래 희망인 '군인'과 맞는 '부사관 학과'에 진학하기로 했고, 합격했다.

그런데 부사관 학과가 있는 전문대 기숙사 배정을 받지 못했다. 기숙사 탈락이라는 사건은 갓 스무살 여자아이에게 엄청난 시련의 시작이었다.

고등학교를 들어갈 때 부모님은 새로운 사업을 시작하셨다. 초기 자본이 많이 들어가는 사업이라 그동안 모은 전 재산을 다 투자하셨지만, 쉽게 풀리지 않았다. 고등학교 3학년에는 사업이 정말 어려워져 집이 망하기 일보 직전이었다.

당시 부모님께서 나에게 지원해 주실 수 있는 돈은 500만 원이 전부였다. 그 돈 외에는 정말 단 한 푼의 돈이 없으셨다. 등록비가

497만 원인 것으로 기억한다. 그러니 자취 원룸 보증금이 없어 대학을 가도 내가 생활할 곳이 없는 것이다. 원룸 보증금 500만 원이 없었나 생각되었지만, 우리 집은 1년 벌어 다음 해를 생활하는 방식으로 생활비와 사업 자금을 해결했기에 항상 돈이 없었다.

대학 입학을 앞둔 어느날, 부모님께서 대화를 하자고 했다. 뭔가 불안한 마음이 들었다.

"대학교 입학을 포기하는 것이 어떻겠니."

딸 앞에서 아버지는 우셨다. 나도 눈물이 났다. 부모로서 못 해주는 마음이 오죽할까 싶으면서 지금이 7~80년대도 아니고 2010년대에 이런 경제적 어려움이 있을까 하는 생각이 들었다. 이런 어려움이 왜 하필 우리 집에서 가장 먼저 대학교를 입학하는 나에게 찾아오는지... 한참을 울다가 결국 선택했다. 아니 받아들였다.
원룸 보증금 500만 원이 없어 대학교 진학을 포기하기로....

이때, 나는 '돈이 힘이다' 라는 것을 느꼈다. 고등학교 졸업도 하기 전에 갓 스무 살이 된 나는, 돈 앞에서 부모님의 작은 모습을 처음 보았다. 그렇게 힘이 없어 보일 수 없었다.

여군 월급으로 부자라는 착각

다행히도 나는 대학교 진학을 포기한 지 7개월 후 민간 부사관 전형에 합격하여 스무 살에 하사로 임관하게 되었다.

불과 몇 달 전만 해도 내 한 달 용돈은 10만 원이 전부였다. 작지만 150만 원이라는 돈이 들어오고 휴대폰 비용 부담 등을 부모님으로부터 내게로 돌려놓는 등 경제적 독립을 했다고 생각했다. 그동안 사고 싶어도 못 산 것들, 후보생 시절 고생한 나에게 주는 선물 등으로 '몇 개월만 좀 쓰자'라는 생각은 소비 습관으로 굳어졌다. 그렇게 첫 경제활동의 소비 습관은 완전히 잘못 길들여졌다.

이런 습관은 쭉 이어져 결혼 준비를 할 때도 계속됐다. 양가 부모님 지원 없이 우리가 모은 돈으로 하는 것이기에 뭐든지 가장 좋은 것으로 했다. 가전제품도 가장 좋은 것으로, 결혼식장도 남들이 하지 않는 특별하고 예쁜 곳으로, 코로나로 인해 신혼여행을 해외로 가지 못하기에 국내에 있는 5성급 호텔 투어를 하며 인생에 한 번뿐인 날이기에 펑펑 썼다. 임관 때부터 넣었던 군인공제회 적금을 제외하고 그때까지 모았던 돈을 다 썼다고 생각하면 된다. 호화로운 결혼식을 한 것에 대해 자부심이 있었다. 왜? 예뻤으니까….

나.. 집 사야겠어 !

　우리 집과는 달리 시댁 부모님께서는 적극적인 투자자셨다. 지방이 본가인 나와 달리 시댁은 한 곳에 정착하는 것이 아닌 돈을 모으면 더 좋은 아파트로 갈아타고, 재건축 아파트에 투자하는 등 우리 집과는 사뭇 다른 모습을 보였다.

　보통의 군인들이 그렇듯 우리 부부도 혼인신고를 먼저 하고 결혼식을 할 생각이었다. 하지만 코로나로 인해 결혼식이 계속 연기되어 혼인신고 후 2년 뒤에 식을 올릴 수 있었다. 혼인신고 2년 차인 아직 결혼식을 올리지 않았을 때부터 시댁 부모님께서는 말씀하셨다.
　"너희 지금 모은 돈이 얼마 있니? 재건축 예정인데 아직 승인이 나지 않아서 가격이 괜찮은 곳이 있는데 거기 해 보는 것이 어떻겠니?"
　아직 결혼식도 올리지 않아서 자금이 얼마인지 정확히 알 수 없어 그냥 넘겼다. 그때 시누이는 그 아파트에 투자하여 8개월 만에 1억을 벌었다. 재건축이 진행되자 아파트의 가격이 1억이나 오른 것이다.
　원래도 돈을 잘 버는 시누이가 이렇게 또 쉽게 돈을 벌어 충격이었다. 이런 방식으로 돈을 벌 수 있다는 것을 처음 알게 되었다. 그 당시 내 나이는 27살, 적지 않은 나이였지만 내가 보고 자란 우리 집은 지방이기에 마땅히 투자할 아파트도 없고 부모님은 사업 확장을 위해서 땅을 사고 건물을 짓는 식이었으니 아파트로 돈을 번다는 것은 신세계였다. 그것도 이렇게 단기간에 큰돈을 벌 수 있다니!

그간 내가 얼마나 작은 세계에 살았는지, 그리고 지방 사람들과 서울 사람들은 애초에 다르다는 것을 느꼈다.

시댁 부모님께서는 재건축 아파트뿐만 아니라 다른 좋은 곳도 많이 추천해 주셨다. 하지만 우리 부부가 아무리 대출을 받아도 도저히 감당이 되지 않는 곳들이었다. 시댁 부모님뿐만 아니라 남편도 서울의 외곽이나 낙후된 지역, 경기도 지역 중 서울의 주요 구와 떨어져 있는 지역의 투자를 반대했다. (사실 위에서 말한 지역도 살 수는 없었다.)

나는 부동산 투자가 이처럼 단기간에 큰 수익을 가져다 줄 수 있다는 이유로 내 집 마련을 해야겠다고 생각했다. 하지만 마음만 앞섰고, 그동안 펑펑 쓰고 모아둔 돈은 없었다. 언젠가는 내 집 마련을 해야 하겠지만 그건 먼 미래고 우선 1억이라도 모으자는 생각을 하게 되었다. 이것이 스물일곱의 내가 내린 결론이었다.

2년 뒤, 나는 부대의 새로운 부서로 이동을 하게 되었다. 새 부서는 여단 참모부로 이때 우리 부서의 부서장이셨던 과장님을 처음 만나게 되었다. 그분을 만난 것은 내 인생의 큰 전환점이라고 할 수 있다. 과장님은 가끔씩 부서원들에게 조언을 해 주셨다.

첫 번째는 자산 관리사에게 자산 관리 컨설팅을 받아보라는 것이었다. 자산 설계를 하는 것은 앞으로 부부가 함께 돈을 모으기 위해서 반드시 필요한 것이라고 말씀하셨다. 하지만 컨설팅을 받지는 않았다. 자산 관리 컨설팅을 받는 것은 어른들의 일이고 우리는 그만큼의 돈을 벌지 못한다고 생각했기 때문이다. 또한 월급이 들어오면 어디로 어떻게 빠져나가는지 미처 몰랐으며, 솔직히 정리하는 것도 귀찮았다. 게다가 한 달에 한 번 나가는 휴가 중 하루를 상담받는 데 쓰는 것이 아까웠다.

두 번째 조언은 미국 주식에 투자하라는 것이었다. 한국 주식으로 투자에 실패한 경험이 있던 나는 또다시 주식에 투자하는 것이 망설여졌지만, 과장님께서 쉽게 설명해 주셔서 믿고 넣어봤더니 금방 수익을 낼 수 있었다.

과장님께서는 이제 미국 주식에 어느 정도 투자가 되어있고 수익도 생겼으니 마지막으로 부동산 투자를 해 보는 것이 어떻겠냐고 하셨다. 언젠가는 내 집 마련을 하고자 했던 나는 당연히 마음이 쏠렸다. 주말마다 휴가를 보내줄 테니 부동산에 다녀오라며 몇 번이고 말씀하셨다. 하지만 어떻게 시작을 해야 할지 몰랐다.

과장님과 함께 당직을 섰던 날은 내 인생 최고의 과외를 받는 날이었다. 과장님께서는 드디어 나의 부동산 지식 수준이 어느 정도인지 알게 되신 것 같았다. 부동산을 어떻게 검색하는지 아냐고 물어보셨고, 나는 당연하게 "모릅니다..."라고 답했다. 내 옆에 앉아 대출금 계산하는 법에 대해서 알려 주셨다.

처음 알게 된 신세계였다. 우리 부부의 연 소득 및 대출 금리가 가장 높을 때와 낮을 때 등을 비교하는 방법으로 최대 얼마까지가 적정 수준인지 표를 통해 설명해 주시니 눈에 확 들어왔다. 금리가 높은 시기였던 당시의 금리보다 더 높은 금리를 적용하여도 한 달에 적금을 하는 금액보다 적은 금액이었던 것이다. 자신감이 생겼다. '3~4억을 빌려도 상환능력이 충분하구나!'라며 말이다. 이때의 계산법으로 우리는 대출을 받을 때 최악의 상황을 생각하여 금리를 최대 8%까지 적용하여도 상환하는 데 문제가 있는지 없는지를 판단하고 대출을 받았다.

나는 부동산 투자를 하고 싶은 마음은 있었지만 몰라도 너무 몰랐다. 심지어 대출의 종류도, 대출은 연봉의 비율로만 나오는 줄 알았다. 대출금은 KB시세에 따라 물건마다 달랐다. 나는 카카오뱅크 대출 한도 조회하기를 자주 이용했다. 이렇게 내가 최대 얼마까지 확보할 수 있는지 알게 되었다.

다음으로는 '호갱노노'라는 앱 사용 방법에 대해서 알려 주셨다. 항상 어딘지 모르게 답답했던 부분을 해결해 준 것이 바로 이 호갱노노 앱이었다. 호갱노노에서는 필터를 적용해서 연식, 평수, 세대수, 가격, 갭 투자 비용 등을 직접 검색할 수 있다. 그동안 내가 누구에게도 물어볼 수 없었던, 물어보고 싶어도 어디서부터 어떻게 질문을 해야 할지 몰랐던 그런 것들을 해소해 주었다. 과장님께서는 '호갱노노' 앱을 이용하여 내가 살 수 있는 대략적인 아파트들을 확인한 뒤 네이버 부동산으로 가서 실제 시세가 어떻게 나왔는지 등을 보면 된다고 하셨다.

그렇다. 그동안 내가 부동산 투자를 하고 싶었는데 쉽게 시작하지 못했던 이유는 막막함 때문이었다. 다짜고짜 부동산을 찾아가서 "집 좀 보여주세요"라고 하면 되는 것인지, 나는 어디에 위치한 부동산을 찾아가야 하는지 등 모든 것이 어려웠다. 그러나 호갱노노 앱을 사용한 후에 이렇게 막막했던 문제가 해결되었다.

또 '군인들은 실거주를 할 필요가 없으니 집을 살 때 세입자를 활용하면 된다'는 방법을 알려 주셨다. 전세 갭 투자를 이용하여 차액만 투자를 하는 방법과 주택담보대출을 최대로 받은 뒤 월세 세입자를 구하여 월세를 받아 대출 이자를 갚는 방법이었다. 지금까지 나는 집을 산다는 것은 그 가격에 맞는 돈을 가지고 있어야만 살 수 있는 줄 알았다. 즉, 5억의 아파트는 5억이 있어야만 사는 줄 알았다. 대출을 받아도 세입자를 활용할 수 있는지는 몰랐다. (물론 이 방법은 비규제지역에 한해서 가능하다.)

수도권에 있는 아파트를 전부 탐색해 보았다. 신이 나서 남편에게 어서 빨리 부동산 투자를 하자고 했다!

청약 올가미에 걸려있는 남편

이번에는 남편이 문제였다. "부동산 투자 빨리 해 보자!"라고 말하며 흥분된 나의 마음에 남편은 찬물을 끼얹었다. 바로 주택청약을 넣어 보자는 것이었다. 남편 또한 시댁의 조언으로 나름대로 알아본 듯했다. 게다가 남편 부대의 주변 동료들 중 주택청약에 당첨된 사람이 2명이나 있었다. 그러면서 남편은 "우리가 현재 무주택자이기 때문에 그 혜택을 최대한 받아보자! 집이 생기면 이제 무주택자 혜택은 받고 싶어도 받지 못하니까 말이야!"라고 말했다.

우리는 관사에 살고 있었기 때문에 주소지는 당연히 강원도에 위치하고 있었다. 하지만 부동산 투자는 서울 또는 경기도인 수도권에 하고 싶었다. 청약도 국군복지포탈에서 실시하는 군 특공이나 무순위 청약만 가능했다. 우리가 가능한 청약은 기회도 자주 오지 않았다. 군 특공에 한번, 무순위 청약에 한번 딱 두 번 넣어보았다.

결과는 당연히 실패였다.
비교적 확률이 높은 군 특공 청약에서도 우리의 군 복무 경력은 10년 남짓으로 상대적으로 짧았으며, 복무경력이 짧으니 군인공제회 납입 금액 역시 상대적으로 적을 수밖에 없었다. 게다가 자녀도 없으니 우리의 청약 점수는 100점 만점에 35점이었다. 군 특공이 이러니

무순위 청약은 말할 것도 없었다. 이렇게 청약만 바라보며 1년의 시간을 낭비하였다.

1억 들고 부동산 첫 임장

　부동산에 대한 경험이 전혀 없던 나의 첫 임장 지역은 동탄 2신도시였다. 뭔가를 해 보고자 아파트 단지를 찾아 보고 부동산에 전화를 하여 약속을 잡았다. 남편과 나는 둘 다 부동산 방문 경험이 없었기에 질문 리스트와 부동산 첫 방문 시 주의 사항, 부동산 용어 등에 대해서 공부를 하며 잔뜩 긴장을 했지만 여유 있는 척을 하며 부동산에 방문했다.

　상가, 초등학교, 호수공원과는 가까웠지만 동탄역과는 거리가 있는 아파트였다. 부동산 소장님께 호수뷰가 있는 동을 말씀드렸더니 가격이 알고 왔던 것보다 높았다. 호수뷰가 있는 아파트는 2억 6천만 원이 필요했다. 영끌해도 1억 밖에 없었다. 가격은 5.9억이었고, 전세는 3.3억이었다. 게다가 전세가 잡혀 있어 추가적인 주택담보대출도 나오지 않았다. 역시 '동탄은 그림의 떡이구나'라며 나가려고 하는 순간에 소장님께서 그래도 집을 한번 보지 않겠냐고 하셨다.

소장님과 함께 아파트 단지를 걸으며 해당 매물로 이동하였다. 해당 매물은 가장 꼭대기 층으로 요즘 신축답게 마음에 들지 않은 구석 없이 깔끔했다. 집을 보고 나온 뒤 지하 주차장으로 이동하여 주차장까지 둘러보았다.

아파트 단지의 구석구석을 걸었던 그때의 기분은 아직도 잊을 수가 없다. 조용한 단지 내에 퍼지는 아이들 웃음 소리… 놀이터에서 안전하게 놀고 있는 아이들과 그걸 바라보는 엄마들의 모습은 내가 바라는 이상적인 모습이었다. 조경이 잘된 단지에서 강아지와 함께 산책하는 모습, 평소에는 눈여겨 보지도 않았던 아파트의 외부 모습 등을 보니 이미 내 집이 된 듯한 벅찬 느낌이었다. 당장 내가 거주할 집도 아니었지만 이미 퇴근 후 주차를 한 뒤 집으로 올라가는 듯한 기분에 들뜨기까지 했다.

집까지 보고 단지를 걸으니 어떻게든 2억 6천만 원을 확보하여 집을 계약하고 싶었다. 소장님께 자금 마련 후 연락을 드린다고 말씀드리고 집으로 왔다. 집에 오니 소장님께서 문자가 왔다. 우리가 가고 난 뒤에 집을 보기로 한 신혼부부가 계약을 했다는 것이다. 정말 마음에 들었던 집이었던 만큼 아쉬움도 컸다.

　소장님은 그 뒤로도 좋은 매물이 나오면 문자를 보내 주시곤 했다. 처음이다 보니 두려움과 함께 어리숙해 보이면 안 된다는 마음에 더 세 보여야 한다는 생각을 한 것이 죄송할 정도였다. 부동산 임장은 내가 생각했던 것처럼 계약을 하지 않으면 물건을 보여주지도 않거나 무시를 당하는 그런 일은 없었다. 이때의 좋은 기억으로 부동산과 약속을 잡는 일에 대한 걱정은 없어지고 자신감이 생겼다.

한숨만 나오는 아파트 가격

동탄 아파트를 포기하고 인천으로 눈을 돌렸다. 주말에 매물을 보기로 약속하였지만 그 전에 팔려 버렸다. 그 당시 뉴스에서는 부동산 거래가 안된다고 난리였다. 헛소리였다. 부동산에 직접 가보니 매물이 너무 잘 나가서 도무지 거래 속도를 따라 잡을 수가 없었다. 이렇게 내가 살 수 있는 아파트의 수는 많이 줄어 갔다. 그새 매매가 많이 된 것이다. 어떤 지역을 해야 할지 고민이던 찰나 과장님께서 추천해 주신 지역이 있었다. 경기도 시흥의 한 아파트로 투자 비용이 적고, 서해선 라인으로 업무지구와 가까워 수요가 꾸준히 있는 아파트였다.

네이버 부동산에 올라와 있는 매매가와 전세가를 비교해 보면 대략 1억이면 살 수 있는 아파트였다. 부동산에 연락을 하여 주말에 방문하기로 하였다. 과장님께서는 부동산 방문할 때 중개업자를 무조건 내 편으로 만들어야 한다고 늘 말씀하셨다. PX에서 구론산 한 박스를 사서 출발하였다. 예상 도착 시간보다 2시간이나 더 빨리 출발하였음에도 불구하고 길이 막혀서 약 1시간가량 늦어버렸다. 죄송한 마음에 기가 죽어버렸다.

부동산에 들어가니 통화를 했던 남자분이 아닌 여자분이 앉아 계셨다. 주말에 1시간가량 늦었으니 기분이 좋지는 않아 보였다.

"투자 가능한 금액이 어느 정도세요?"
"1억대 생각하고 왔습니다."

우리에게 얼마를 생각하고 왔냐고 묻길래 자신 있게 대답했다. 나의 대답을 들은 뒤 그 여자 소장님의 표정을 잊을 수가 없다. '아니, 이 사람들이 장난하나? 나 이 사람들 때문에 주말 1시간을 버린 거야?' 라는 표정이었으니까.

"1억으로 살 수 있는 집은 없어요!!"
"네이버 부동산에 보니까 3.5억에 전세 올린 집이 있던데…."

그 집은 집주인이 전세를 내놓은 것인데 배짱으로 그 가격에 내놓은 것이란다. 적어도 1억 6천만 원은 필요하다는 것이다.

"우리가 6천만 원을 추가로 마련할 수 있을까…?"

남편과 대화하는 척하며 슬슬 마무리하려고 했다. 3시간 30분 걸려서 방문한 부동산이었지만 상담 시간은 20분도 안 되었던 것 같다. 1시간 기다리게 한 것도 죄송하고, 터무니없는 가격을 제시한 것도 죄송하여 준비한 구론산 한 박스를 드리면서 나가려고 하니 그 여자 소장님도 미안해하는 눈치였다. 집을 보지 않겠냐고 물었고, 당연히 보겠다고 감사하다고 했다.

"6천만 원이 추가로 구해질 수도 있는 건데, 여기까지 왔는데 집 한번 둘러보세요~"

24평의 신축 아파트는 역시나 좋았다. 흔히들 선호하지 않은 구조였지만 그것마저도 매력적으로 느꼈다. "돈 구할 수 있다!"는 보여주기식으로 말만 하던 생각에서 그 다음엔 "6천만 원 구할 수 있지 않을까?"로, 결국 "6천만 원 어떻게 구하지?"라는 생각으로 바뀌었다. 돈을 마련한 후 연락을 드리겠다고 하고 부동산을 나왔다. 방금 보았던 동에서 지하철역까지 스톱워치를 켜고 직접 이동해 보았다. 출근하는 사람처럼 말이다. 신호에 걸렸음에도 6분 50초가 나왔다. 주변 업무지구까지도 30~35분 정면 갈 수 있었다.

돈, 논, 돈... 돈 구할 생각밖에 없었다. '자금을 어떻게 마련하지?'라는 생각을 하며 집에 도착하니 부동산으로부터 문자가 왔다. 아오... 문자를 확인한 나는 휴대폰을 던져 버렸다.

'방금 보셨던 집은 다른 부동산을 통해 방금 계약 되었습니다.'

어안이 벙벙했다. '집이 한두 푼 하는 것도 아닌데 이렇게 금방 나간다고? 마치 상품이 품절되는 것처럼?' 하지만 우리는 그날 처음 그 단지에 가서 알아본 것이고, 우리보다 더 먼저 열심히 알아본 사람이 얼마나 많았겠는가. 내가 아무리 성장하고 발전했다고 생각했어도 여전히 작은 세계에 살고 있다는 것을 또다시 느꼈다.

부동산에서는 같은 가격대에 저층으로 들어가는 매물도 있다고 알려주었다. 다음 주에 또 방문을 하였다. 2주 연속 왕복 7시간의 거리를 왔다 갔다 한 것이다. 이번에는 처음에 통화했던 남자 소장님께서 안내를 해 주셨다. 필요 자금은 1억 6천만 원으로 동일하며 우리는 양가 부모님께 도움을 받기로 하였다. 집을 확인 후 계약하겠다고 하니 집주인이 현재 외국 출장 중으로 오늘 귀국을 하면 저녁에 답변을 주겠다는 것이다.

4시간 뒤 집주인은 현재 내놓은 금액으로는 집을 팔지 않겠다는 답변을 주었다. 부천의 옥길동이라는 상급지로 이사를 가야 하는데 이사 갈 집의 가격을 보고 가격을 정하겠다는 것이었다. 결국 금액은 3천만 원이 오른 금액을 제시하였다. 불과 일주일 전에는 더 좋은 층수의 가격이 낮게 거래가 되었는데 조건이 더 좋지 않음에도 가격이 높아서 거래를 하지 않겠다고 하였다. 가격이 조금 높은 다른 고층 매물도 확인하자마자 그날 계약이 되어버렸다.

조급해졌다. 3주를 연속으로 왔다 갔다 했지만 얻은 성과가 없어 체력적으로도 지쳤다. 그러다 보니 그 아파트 단지에서 다른 사람들이 절대 넘보지 못하도록 갭 투자 비용이 2억 2천만 원인 아파트를 해야겠다고 다짐했다. 그 정도의 투자 비용이었다면 서울에 있는 아파트도 투자 가능하였지만 다시 새로 시작할 엄두가 나지 않았다.

부동산 측에 2억 2천만 원이 필요한 집주인과의 연락을 부탁하였다. 부동산 소장님께서는 알겠다고 하며 불안한 말을 했다.

"다만 최근에 5억대에 거래가 된 집이 있는데 그 거래가 공개되면 아마 집주인이 가격을 올릴 수도 있을 것 같습니다."

아니나 다를까, 5억으로 계약한 그 집의 거래 내역이 일주일 만에 부동산 앱에 올라왔고, 집 주인은 매매 가격을 올리겠다고 하였다.
또 순식간에 4천만 원이 올라버렸다. 부동산 소장님은 우리가 안타까웠는지 직접 나서서 집주인을 설득하고 가격을 조정해 주셨다. 우리가 아니면 갭 가격이 높기 때문에 집이 팔리지 않을 것이라면서 말이다. 마침 집주인도 군인이셨다. 같은 군인이니 서로 도와야지 않겠냐며 가격이 조정되었고 최종적으로 2천만 원이 오른 가격에 계약을 하기로 하였다.

본 계약을 하기 전에 문자로 가계약을 했다. 계약을 위한 계약이다. 가계약금 천만 원을 입금한 뒤 나는 그 주말에 몸살에 걸리고 말았다. 장장 한 달 이상을 끙끙 앓았던 문제가 드디어 해결되었기 때문이다.

부족한 자금 마련

가계약을 했기 때문에 갑자기 늘어난 자금을 확보해야 했다. 이미 자금 확보 계획은 다 짰고 실행만 남았다. 먼저 신용대출을 받기로 했다. 이미 전세 세입자가 들어와 있었기 때문에 그 아파트를 담보로 하는 주택담보대출은 받을 수 없었다.

그래서 신용대출을 받았다. 지금에서야 신용대출과 주택담보대출을 자신 있게 얘기하고 있지만 대출을 받는 것도 처음이었다. 고금리 시대에 대출을 받는 우리 부부는 사실 은행입장에서는 환영해야 할 고객이었다. 하지만 대출 상담을 받을 때는 왜인지 모르게 위축이 되었다. 대출 한도는 생각보다 낮았고, 금리는 높았다. '꾸준한 소득이 있는 공무원으로 10년 넘게 생활하였는데 한도가 이 정도밖에 안 된다고?' 기가 죽었지만 원래 신용대출은 한도가 그리 높지 않다고 하였다.

사실 이 당시에 나는 군 생활에 회의감을 느꼈었다. 내가 정말 애정이 있던 부대에서 전방의 부대로 교류가 되었던 것이다. 군인이라면 명령에 따라 움직이는 것은 당연하지만 함께 했던 분들이 정말 좋아서였는지 아쉬움이 가득해서 정말 몇 시간을 엉엉 울었다. 솔직히 전역까지 고민했었다.

하지만 이런 회의감이 가득한 이 시기에 한편으로 '군인이라서 너무 다행이다' 라는 생각이 들었다. 바로 대출 상담 시 복무확인서와 공무원증을 제출하니 대출이 바로 실행되었기 때문이다. 적지만 고정적인 수입이 있고 그 수입으로 인해 신용이 보장되기에 대출이 쉽게 나온 것이다. 새삼 보장된 사람이라는 것에 뿌듯했다.

신용대출을 받고도 부족한 자금은 부모님께 돈을 빌려서 마련했다. 그런데 부모가 자식을 위해서 돈을 주는 것도 한도 금액이 있었다. 그것은 바로 '증여세' 때문이었다. 증여세의 10년간 면제 한도는 5,000만 원이고 그 이상의 금액일 경우, 초과된 금액에 대해 세율에 따른 증여세를 내야 한다.

부모님께서는 그 당시 집의 경제적 어려움으로 인해 대학교 입학을 포기했던 나에게 항상 미안해하셨다. 그래서 내가 장기복무에 선발된 기념으로 자동차를 선물해 주셨고 그 금액을 내 통장으로 이체받은 기록이 있었다. 그래서 증여세를 내지 않으려면 부모님께 그냥 돈을 받을 수는 없고 빌려야만 했다.

돈을 증여받는 것이 아닌 빌리는 것이라는 것을 증명하기 위해 차용증을 작성해야 했다. 차용증에 대한 모든 자료와 세무사의 의견을 찾아보았다. 차용 금액의 이자를 갚아도 부모님의 입장에서는 이자라는 소득이 있기 때문에 소득신고를 해야 한다고 한다. 정말 복잡했다. 다행히도 나는 5,000만 원을 빌릴 예정이라서 무이자로 차용할 수 있었다.

　돈을 빌리기 전에 차용증을 작성했다는 것을 증명하기 위해 여러 방법이 있으나 나는 비교적 간편한 우체국 내용증명 방법을 택했다. 차용증의 양식은 별도로 없으며 채무자와 채권자의 이름, 주소, 주민등록번호, 연락처와 차용금액, 변제기일 및 방법 등을 포함하면 된다. 이렇게 작성된 차용증은 채권자, 채무자, 우체국 보관용으로 3부를 작성하여 공증날짜를 받으면 되는 것이다.
　신용대출, 증여세와 차용증 등 생각만 해도 복잡하고 시작하기 두려웠던 일들 역시 직접 해 보니 별것 아니라는 생각이 들었다.

내집 산 뒤 찾아온 변화

　　부동산 잔금을 치르는 날이었다. 이체 한도를 늘려 놓고, 인감 도장과 신분증을 들고 부동산에 방문하였다. 집주인과 부동산 소장님, 법무사님이 한자리에 있었다. 매매 계약서와 전세 계약서 내용을 다시 한 번 확인하고 도장을 찍었다. 법무사님은 등기이전과 취등록세를 납부해 주셨다. 지금까지 주변에서 수없이 많이 본 공인중개사 사무실과 법무사 사무실을 보면서 나는 '저 사람들이 일이 있으려나?'라고 생각을 했다. 하지만 이번 계약을 통해 그간 내가 겪어보지 않은 일들에 대해 너무 쉽게 단정지었다는 생각이 들었다. 공인중개사와 법무사 모두 꼭 필요한 직업이었고, 정년 후에 나도 공인중개사 자격증을 따서 부동산을 차리고 싶다는 목표가 생겼다.

　　일주일 뒤 집으로 배송된 등기권리증… 정말 우리의 이름이 적혀있는 집문서였다. 이 집문서는 우리 집의 보물 1호로 침대 옆 협탁에 소중히 보관하고 있다. 가끔씩 힘들고 열심히 살아야겠다는 생각이 들 때 우리는 함께 등리권리증을 꺼내 보곤 한다.

　　부동산 투자 후 난 달라졌다.
　　가장 크게 달라진 점은 세상을 바라보는 관점이 바뀐 것이다. 그

동안 주민세와 자동차세만 내던 사람이 이제는 재산세라는 세금을 추가로 내게 되었다. 이미 주택을 구매해 봤기에 추가로 주택을 구매하고자 하는 마음은 무주택자일 때보다 쉽게 든다. 그리고 1주택자이기 때문에 추가로 집을 한 채 더 마련할 것을 대비해 관련 세금 등에 저절로 관심이 생긴다. 그래서 정책적인 내용이 귀에 들어오기 시작했고, 많은 사람들이 반대하거나 찬성했던 정책들에 대해서도 자연스럽게 관심이 가기 시작했다.

두 번째로, 절약하는 습관이 생겼다. 집을 구매하기 위해 마련했던 돈을 생각하면 적은 돈이라도 펑펑 쓸 수가 없다. 무엇인가를 구매하려 해도 미래를 생각하게 된다. '이 돈을 모으면 나중에 투자를 할 수 있을 텐데'라며 말이다. 그리고 적금 대신 나가는 대출 이자는 그 자체로 나를 긴장하게 만든다.

세 번째, 무엇인가를 계속 찾고 공부를 하게 되었다. 집을 구매하고 1년 뒤 우리 부부는 경매에 도전했다. 비록 낙찰받지는 못하였지만 단 한 번의 경험도 자산이라고, 부동산 투자의 경험이 있다 보니 다른 투자 방법에 대해서도 더 쉽게 접근하게 되었다. 그리고 앞서 이야기했듯이 부동산 정책에 대해서도 나와 연관된 내용이기에 당연히 찾아볼 수밖에 없다.

마지막으로 오묘한 감정이 든다. 행복해서 벅차오를 것 같으면서도 눈물이 날 것 같은 그런 기분이다. 우리 부모님은 지금까지 단 한 순간도 성실하게 살지 않은 적이 없는 분들이다. 그러나 부모님께서 자산을 늘려가는 것 보다 내 자산이 불어나는 속도가 10배 이상 빠른 것 같다. 나는 내 자산이 불어나는 것을 보면서 좋다가도 한편으로는 속상하다. 아직도 우리 아버지는 하루에 3만 보 가까이 걸으시면서 직접 눈으로 확인하고 움직이고 계신다. 우리 아빠를 보고 있자면 <레버리지>라는 책의 한 구절이 생각난다.

"스스로에게 고용된 노동자이자 자신의 노예"

우리 부모님의 방법이 틀린 것은 아니다. 나름의 방법이기 때문이다. 아버지께서는 직원들에게 업무 지시를 하며 사업이 성장하고 그걸 직접 눈으로 확인하는 순간들이 행복하다고 말씀하신다. 하지만 딸의 입장에서 많은 고생을 해서 돈을 버시는 그런 모습이 속상할 따름이다. 우리 부모님께서는 힘들게 번 돈을 당신들에게는 전혀 쓰지 않으시고 오로지 자식들을 위해서만 쓰신다. 자식 모두가 직장이 있지만 여전히 어떤 지원을 해 줄까 늘 고민하신다.

그것이 우리 부모님의 사랑 표현 방법이다. 당신들의 부모로부터 지원을 받지 못해서 더욱 그러한 것 같다. 부모님께로부터 무한한 사랑을 받았으니 나도 부모님께 무한한 사랑을 드리고 싶다.
그래서 더 부자가 되고 싶다는 생각이 든다. 돈이 전부는 아니지만 선택에 대한 고민을 하지 않아도 되고, 뭐든지 최고의 선택을 할 수 있기 때문이다.

또 마음에 여유가 생기니 누구든지 진심을 담아 대할 수 있게 된다. 나는 받은 사랑을 돌려드리기 위해 여기서 안주하지 않고, 오늘도 공부하고 실천할 것이다.

내 집 마련에서 시작한 작은 도전

심재현

작가 소개

심재현

두 아이의 아빠이자 군 복무 16년 차, 현재 육군 소령으로 재직 중이다.

아내의 한마디에 첫 집 마련에 도전하며 인생이 달라졌다. 이후 7년간 400권이 넘는 경제서를 탐독하며, 경매·주식·암호화폐까지 투자 영역을 넓혀왔다.

안정적인 현금흐름 만들기와 누구나 실천할 수 있는 '작지만 확실한' 재테크의 길을 함께 나누고자 한다.

인생의 터닝 포인트가 된 첫 집 마련

나 : 여보, 나 10년 뒤에 전역하면, 고향 내려가서 전원주택이나
　　　짓고 살려고 하는데, 어떻게 생각해?
아내 : 뭐라고? 지금 진심으로 하는 소리야?
나 : 응? 왜. 우리 고향집 좋잖아.
　　　마당도 넓고 텃밭에서 채소도 키우고, 강아지도 있고...
아내 : 당신! 내 말 똑똑히 들어!(이어지는 아내의 잔소리...)

2019년 어느 날, 내가 던진 한마디가 아내와의 열띤 논쟁을 불러 일으켰고, 그렇게 시작한 아내와의 말다툼은 결국 그해 내 집을 마련하는 결과로 이어졌다.

사실 '내 집 마련'에 대한 문제는 늘 우리 부부 사이에 논쟁의 대상이었다. 아내가 정착할 집을 사자는 이야기를 꺼낼 때면 나는 "전역하면 시골에 전원주택 지어서 살 거야." 혹은 "전역할 때 돼서 사면 되지, 굳이 지금 사야 돼?"라고 반대하며, 항상 집을 사는 것에 대해 부정적이었다. 돌이켜 보면 정말 철없고 현실을 모르는 소리였다.

다행히 아내는 나보다 훨씬 현실적인 사람이었다. 아내는 "전역 후 정착할 집은 도시에 미리 마련해 두어야 한다"고 강하게 주장하며, 그 이유를 조목조목 들이대기 시작했다. 노후에 발생할 수밖에 없는 질병과 의료 시설의 필요성, 자녀 교육을 위한 학군, 그리고 다양한 생활 인프라의 필요성까지 고려한 아내의 논리는 단순하면서도 명확했다. 아내는 내가 간과했던 현실적 문제들을 설명하며, 도시에 정착하는 것이 왜 중요한지 납득할 수밖에 없도록 나를 설득시켰다.

아내의 말에 한마디도 반박할 수 없었다. 아내의 설득이 이어지면서, 나는 점차 아내 말이 옳다는 것을 깨닫기 시작했다. 아내의 현실적인 관점은 지금까지 애써 외면했던 문제들을 직시하게 했고, 그동안 부족한 돈 때문에 부정적으로만 생각했던 도시에서의 내 집 마련이라는 생각에 마음을 열게 되었다. 아내의 설득에 내 생각이 바뀌는 데는 그리 오랜 시간이 걸리지 않았다.

전역 후 정착할 곳은 분명히 필요했고, 기왕이면 의료, 교육, 생활 인프라가 잘 갖추어진 도시가 시골보다 더 적합하겠다는 말에 전적으로 공감하게 되었다. 또한 집을 미리 마련해 두면 심리적으로도 든든하다는 점에서 아내의 말이 맞다는 것을 인정할 수밖에 없었다. 10년 전과 지금의 집값은 분명 하늘과 땅 차이였으니까. 그렇게 아내와 함께 길고 긴 대화를 나눈 끝에, 우리는 세 지역 중 한 곳을 선택하기로 결정했다.

아내가 원한 곳은 쾌적한 곳이었다. 그리고 그 후보 지역은 세종, 하남, 그리고 광명이었다. 나와 아내는 시간이 날 때마다 이 세 지역을 여러 차례 방문하며, 각 지역의 아파트를 꼼꼼히 둘러보았다. 특히 세종과 하남은 계획도시로서 이미 잘 조성되어 있었고, 쾌적한 인프라가 매력적이었다.

세종은 깨끗하고 정돈된 도시 구조와 풍부한 공공시설이 인상적이었고, 하남은 서울 접근성이 좋고 생활 편의시설이 잘 갖추어져 있어 당장이라도 거주하기에 부족함이 없어 보였다. 두 지역 모두 '정착지로 완벽하다'는 느낌을 주었고, 전역 후 우리 가족 구성원 모두에게 필요한 환경을 제공할 것 같았다.

하지만 현실은 냉혹했다. 예산 내에서 선택할 수 있는 유일한 지역은 재개발을 앞둔 광명의 썩은 빌라밖에 없었으니까. 정확히는 광명뉴타운 재개발이 추진 중이던 오래된 빌라 밀집 지역이었다. 그곳에 가면 외국인 노동자들이 눈에 많이 띄었고, 대부분은 연로하신 어르신들이 많이 살고 계셨다. 또한 이곳은 차 한 대 들어갈 수 없을 정도로 좁은 골목들이 많아 밤에는 성인 남성도 혼자 돌아다니기 무서울 정도였다. 그래서 유독 광명만큼은 세종, 하남과 달리 '이 낡은 빌라를 사는 것이 내 집 마련으로 과연 맞는 선택일까?'라는 의문이 계속해서 머릿속을 떠다녔다.

하지만 고민 끝에 결국 우리는 광명의 낡은 빌라를 선택했다. 그나마 광명사거리역과 가까운 광명 4구역으로… 그저 한정된 예산 내에서 선택할 수 있는 최선의 선택지라는 이유만으로 가진 돈에 맞춰 광명 빌라를 매수하기로 했다. 그리고 당시 부동산에 관해 아무것도 몰랐던 나는 재개발이 완료된 이후의 모습은 상상조차 할 수 없었다.

보러 다니는 물건마다 30~40년 된 빌라들이었지만, 부동산 사장님들은 재개발이 완료되면 주변에 새 아파트 단지들이 들어서고 지역 환경이 크게 개선될 것이라고 우리를 위로하듯 말해주었다. 그런데 부동산 사장님들이 한결같이 말해주던 그 위로의 말들이 어느 순간 마음에 와닿았는지 내 집 마련에 소극적이던 나도 점차 부정적인 생각은 모두 사라지고 광명에 대한 관심이 더 커지게 되었다.

그 후, 나는 광명뉴타운 재개발 추진 현황과 광명사거리역 일대의 교통 개발 계획까지 확인하며 찾아볼 수 있는 모든 자료를 철저히 조사했다. 자료를 읽고 분석하며 180° 바뀔 미래의 모습을 머릿속에 조금씩 그려나갔고, 한 달 정도가 지나자 내가 매수하려는 빌라가 충분한 미래 가치를 가지고 있다는 확신이 들었다.

그리고 아내와 나는 빌라를 매수하기 위해 10년 가까이 모아둔 돈을 각자 1억씩 보태기로 결정했다. 정말 우리에겐 피 같은 돈이었다. 그런데 막상 대출을 받아야 하는 상황이 겹났다. 집을 사기 위해 계좌를 확인하니, 10년 동안 월급으로 모아둔 돈이 약 1억 원이었다. 군인공제회에 납입한 원금 8천여만 원과 이자 천여만 원을 포함한 금액이었는데, 군인공제회를 해지하는 것이 아까워서 결국 다른 방법을 찾아야 했다.

결국 적금을 담보로 90% 대출을 실행하기로 했다. 대출에 대한 부담은 있었지만, 내 집 마련이라는 목표 앞에서 그것이 최선의 선택이라는 결론에 도달할 수밖에 없었다. 어려서부터 부모님께 "대출은 절대 받지 마라"는 가르침을 받아왔기에, 대출을 선택하는 순간 잠시나마 잘못된 결정을 하고 있다는 생각이 들었다. 하지만 내가 책임져야 할 처자식을 위해 전역 후 거주할 집을 마련해야 한다는 현실적인 필요 앞에서, 대출은 어쩔 수 없는 선택이었다.

당시 받은 대출 이자는 1% 후반대의 초저금리였는데, 이런 유리한 상황에서도 대출에 대한 막연한 두려움 때문에 더 적극적으로 레버리지를 활용하지 못했다는 사실은 한참 지나서야 깨닫게 되었다.

지금 돌이켜보면, 그 시기는 나에게 있어 더 큰 기회를 만들어낼 수 있었던 중요한 시기였던 것 같다. 하지만 당시에는 부모님의 가르침과 나의 내적 갈등이 발목을 잡았고, 결국 보수적인 선택을 할 수밖에 없었다. 이때의 경험은 대출과 레버리지에 대한 새로운 관점을 심어주었고, 시장 상황에 따라 공격적으로 레버리지를 활용하는 것이 얼마나 중요한가를 배우게 된 계기가 되었다.

당시 빌라에는 연로하신 할머니 한 분이 홀로 거주하고 계셨고, 나와 아내는 10년 가까이 모은 소중한 돈을 그분께 드렸다. 빌라 매매가는 1억 4천만 원이었지만(정확히는 감정평가액), 여기에 재개발 프리미엄이 2억 원이나 붙어 있었다. 나는 이때만 해도 '프리미엄'이라는 개념 자체가 없었기에 도대체 왜 프리미엄이라는 게 집값보다 비싼 것인지 이해할 수가 없었다.

감정평가액과 프리미엄을 합치면 당시 나에게는 감당할 수 없을 것만 같은 거금이었기에 도대체 내가 평생 벌어서 갚을 수는 있는 건지 걱정도 많이 했던 기억이 난다. 다행히 할머니께서 전세 9천만 원에 점유를 유지하는 조건으로 집을 넘기셨지만, 우리는 여전히 5천만 원이 부족한 상황이었다.

결국 장모님께 돈을 빌렸다. 무려 5천만 원이라는 거금을 말이다. 솔직히 장모님께 죄송하기도 하고 한편으로 창피한 마음도 들었다. 장모님께 손을 벌렸다는 사실이 자존심도 조금은 상하고 내 자신이 무능력하다는 생각도 하게 만들었기 때문이다.

소위로 임관하고 월급을 받으면서부터 양가 부모님께 손 벌리는 일이 생길 거라고는 상상해 본 적이 없었기에 그저 민망하기만 하고, '내가 지금 하는 게 맞는 건가? 내가 이렇게까지 집을 사야 하나?'라는 생각도 들었다. 아무튼 머리가 많이 복잡했다.

사실 우리 부부는 결혼 전부터 '이렇게까지 아껴야 하나?' 싶을 정도로 절약하며 돈을 모았었다. 그렇게 한 푼 두 푼 아껴가며 모았던 돈이었기에 마음이 더 심란했었는지도 모르겠다.

아내에겐 정말 미안하지만 8년 가까이 연애하면서 한 번도 명품

백을 사준 적이 없다. 다행히도 아내는 부자처럼 보이는 것에는 전혀 관심이 없는 사람이었다. 나는 결혼 6년 전부터 내 월급을 당시에는 여자 친구였던 아내에게 모두 맡겼었고, 아내는 자신의 월급과 함께 저축하는 것을 좋아했다.

    우리 부부의 저축 사랑은 정말 지독할 정도였다. 첫째가 태어났을 때 본가와 처가에서 축하금으로 받은 800만 원도 그대로 쓰지 않고 오히려 더 절약하여 200만 원을 추가로 모아 1,000만 원으로 만들 정도로 종잣돈 모으기를 좋아했다.

    이렇게 검소하게 생활하며 모아왔던 돈이었지만 그래도 부족해서 장모님에게까지 손을 벌렸다는 사실에 아내와 나는 결혼 후 처음으로 재정적 부담을 마주하게 되었다. 하지만 내 집 마련이라는 목표를 위해 함께 내린 결정이었기에 후회하지 않으려 애썼다. 그리고 계약서에 서명하던 그날, 손이 덜덜 떨릴 정도로 긴장했던 기억은 지금도 종종 머릿속에 생생하게 떠오르곤 한다.

    사실 계약을 강행할 수 있었던 배경에는 그해 내가 진급을 하면서 월급이 조금이라도 오르게 된 점도 있었다. 당장 '대출 이자'라는 고정 지출이 하나 더 늘어나더라도 먹고 사는 데 큰 문제가 없을 것이라는 판단이 들었기에, 어느 정도 무모함을 감수하고 집을 매수하기로 결심했었다. 돌이켜보니 그 과정에서 느낀 불안과 설렘은, 첫 집을 마련하며 겪을 수밖에 없는 감정들이었고, 그것이 바로 우리 가족의 새로운 출발을 알리는 순간이었다.

그런데 집을 매수한 지 한 달도 되지 않아 부동산에서 매물을 팔 생각이 없냐는 문의 전화가 걸려 왔다. 정착할 집이라 팔 생각도 없었으니 대수롭지 않게 여기고 넘어갔는데, 연락이 계속해서 반복되고 1년이 지났을 때쯤에는 "산 가격에 4억 원을 더 얹어줄 테니 물건을 팔 생각이 없냐"는 파격적인 제의까지 받게 되었다.

썩은 빌라 1채가 아내와 내가 10년 동안 피땀 흘려 모은 돈을 단숨에 뛰어넘었다는 사실은 충격 그 자체였다. 머릿속이 복잡해지며 수많은 생각들이 떠올랐다. '도대체 부동산이란 무엇일까?'라는 근본적인 의문이 내 마음을 휘젓기 시작했다.

'내가 그동안 잘못된 방식으로 돈을 모아온 걸까? 아니면 부동산 시장 자체가 비정상적인 걸까?'라는 생각이 끊임없이 맴돌았다. 혹은, 둘 다 틀린 것이 아니라 내가 모르는 어떤 부동산 시장의 원리가 숨어 있는 것일까? 이 질문들은 나를 더욱 혼란스럽게 했고, 부동산에 대한 새로운 시각과 접근이 필요하다는 생각을 강하게 불러일으켰다.

갑자기 생긴 4억은 오히려 나를 불안하게 했다. 한편으로 급격한 수익률은 놀라웠지만, 이상하게도 나는 행복하지 않았다. 오히려 머릿속이 복잡하고 불안한 생각들로 가득했다. '이런 상황이 과연 오래갈 수 있을까?'라는 의문이 머릿속에서 떠나지 않았다.

집값 상승의 충격은 내 집 마련에 그치지 않고, 나를 지금의 투자자로서 있게 만든 중요한 계기가 되었다. 이때부터 부동산이라는 세계가 가진 복잡한 매력과 그 작동 원리를 알아야겠다는 열망이 이후로도 점점 더 커져만 갔다.

그리고 어느 순간 결심했다. '내가 모르는 무언가가 있다면 그것을 제대로 이해하고 싶다. 단순히 알고 넘어가는 수준이 아니라, 그 원리를 철저히 파악하고 깊이 파고들고 싶다'라고. 마치 끌로 바위를 쪼개듯 끝까지 파헤쳐 보고 싶었고, 이 결심은 일종의 사명감처럼 다가왔다.

어쨌든 첫 집 마련은 현명한 아내를 만난 덕분에 실패하지 않을 수 있었다. '아내의 말을 잘 들으면 자다가도 떡이 생긴다'는 속담이 그냥 생겨난 말이 아니라는 것을 몸소 체감한 순간이었다. 아내의 현실적인 판단이 없었다면, 나는 여전히 막연하고 비현실적인 계획만 세우고 있었을지도 모를 일이다.

경제서적 400권의 깨달음

"경제 서적 30권만 읽어보자." 그렇게 스스로에게 작은 목표를 하나 세웠다. 그리고 이렇게 시작된 독서는 내 삶을 바꿔놓았다.

초기에는 주로 부동산 서적에 집중했다. 그러나 첫 3~4권을 읽는 데에는 상당한 시간이 걸렸다. 익숙하지 않은 용어와 새로운 개념들로 인해 머리가 지끈거렸고, 솔직히 힘들었다. 하지만 포기하지 않았다. 10권쯤 읽고 나니 책 속의 내용들이 어느 정도 익숙하게 느껴졌고, 같은 주제의 책들에서 반복되는 맥락이 보이기 시작했다. 그리고 책을 읽는 속도가 점점 빨라져서 한 권을 읽는 데 1시간이 채 걸리지 않을 정도로 효율적으로 읽을 수 있게 되었다.

한 달이 지나자 독서 속도는 기하급수적으로 빨라졌고, 어느새 하루에 한 권씩 읽는 수준에 이르렀다. 그렇게 3년간 꾸준히 독서하며 쌓아온 통찰은 단순히 지식의 축적을 넘어 실행으로 이어지는 확신을 만들어주었다.

나는 책을 읽기만 하고 끝내지 않고, 항상 독후감 어플을 활용해 핵심 내용을 요약하고 기록해 두는 습관을 가지고 있었는데, 이 기록들을 체계적으로 정리해 나만의 '투자 노트'를 만들었고, 실제 투자에 적극적으로 활용했다.

투자 노트는 단순한 메모가 아니라, 책에서 얻은 간접 경험과 노하우를 실전에 접목할 수 있는 가이드라인 역할을 해주었다. 실전 투자에서 여러 가지 결정을 하는 데 큰 도움이 되었고, 결국 만족스러운 수익으로 이어졌다. 내가 몰랐던 투자 원리의 해답은 결국 책 속에서 찾을 수 있었다. 물론 책 속의 내용이 항상 100% 정답인 것은 아니었지만 책에 담긴 여러 통찰과 사례는 내가 더 나은 선택을 할 수 있도록 방향을 제시해 주었다. 책은 마치 어둠 속에서 나아갈 길을 밝혀주는 등대와도 같았다.

책 속의 훌륭한 저자들은 멘토처럼 끊임없이 나에게 조언을 건네주었다. 그들의 경험과 통찰은 내가 가진 편견과 부족한 지식을 채워주었고, 투자에 대한 새로운 관점과 자신감을 심어주었다. 책을 읽는 동안, 나는 그들의 목소리를 통해 더 넓은 시각과 깊이 있는 사고를 배우며, 마치 거인의 어깨 위에 올라서 있는 듯한 기분을 느꼈다. 책은 단순한 지식의 집합체를 넘어, 내 삶과 투자 여정에서 가장 든든한 동반자가 되어 주었다.

이렇게 안정적인 수입과 소액 투자를 활용해 장기적으로 재산을 불릴 수 있다는 사실을 뒤늦게 깨닫고, 이를 통해 자연스럽게 경제적 자유라는 목표를 꿈꾸게 되었다. 그전까지는 단순히 일상적인 생계를 유지하기 위해 노력했지만, 이제는 군 생활을 하면서도 충분히 경제적 자유를 준비할 수 있다는 것을 알게 된 것이다.

이 깨달음은 단순한 경제적 목표를 넘어, 내 삶의 방향을 바꾸는 중요한 전환점이 되었다. 군인의 삶이라는 특수한 환경에서도 꾸준한 노력과 전략적인 선택을 통해 재정적 여유를 만들어갈 수 있다는 확신은, 내가 가진 가능성을 새롭게 바라보게 해 주었다. 이 깨달음은 더 큰 희망과 동기를 불어넣었고, 경제적 자유를 향한 여정을 본격적으로 시작하는 계기가 되었다.

독서와 실행 : 경제적 자유의 초석

앞서 이야기했듯 첫 집을 마련한 후, 나는 독서의 중요성을 실감하며 경제 원리를 알고 싶다는 열망이 생겼다. 그리고 50여 권의 책을 읽었다. 이 과정에서 얻은 지식과 확신을 바탕으로 아파트 두 채를 추가로 매수했다.

그중 한 채는 1년도 되지 않아 집값이 1억 원이나 올랐고, 또 다른 한 채는 돈 한 푼 들이지 않고 무피로 매수하는 특별한 경험을 하기도 했다. 이런 결과는 단순한 운이 아니라, 책 속의 지식을 내 것으로 만들고 그것을 실천으로 옮긴 덕분에 가능했다.

우리 부부가 각자 1억씩 모으기까지는 무려 10년이 걸렸지만, 그다음 1억을 모으는 데는 5년이 채 걸리지 않았다. '1,000만 원이면 할 수 있는 투자가 많다'는 생각이 들었기 때문에 항상 소비보다는 미래를 위한 저축을 택했다. 돈 모으는 재미와 투자의 경험이 쌓이면서 점점 더 효율적으로 자산을 불릴 수 있었다.

100여 권의 책을 읽었을 때쯤 분양권 투자에 도전했고, 이후에도 계속해서 독서를 이어가며 법원 경매에 꾸준히 참여했다. 그리고 재개발 물건과 원룸 건물 매입으로 자산을 더욱 키워 나갔다. 10년 후, 20년 후의 우리 가족 모두를 위해 저축하고 투자하기를 반복하며, 힘든 줄도 모르고 즐겁게 목표를 향해 계속 달렸다.

현재는 시세 차익을 제외하더라도 원룸 건물 한 채에서 발생하는 월세만으로도 월급에 버금가는 수익을 얻고 있다. 내가 염원하던 '월 천(만 원)'이라는 목표를 독서를 시작한 지 5년 만에 이루게 된 것이다.

월 천만 원의 현금 흐름이 생겼다고 해서 곧바로 경제적 자유를 얻었다고 말할 수는 없다. 이것은 경제적 자유를 향한 초석일 뿐 이러한 현금 흐름들이 모이고, 이를 기반으로 다각화된 탄탄한 파이프라인을 여러 개 구축한다면, 어느 순간 진정한 경제적 자유에 도달할 수 있을 것이라 믿는다. 경제적 자유란 단순히 수익의 크기가 아니라, 안정적이고 지속 가능한 구조를 만들어가는 과정이라고 생각한다.

그리고 이 여정을 시작하는 데 있어 가장 중요한 첫걸음은 바로 독서였다. 독서를 통해 얻은 지식은 내가 목표를 세우고 이를 실현하는 데 필요한 방향과 전략을 명확히 제시해 주었다. 독서는 단순한 정보 습득을 넘어, 내게 새로운 시각을 열어주었고, 이를 기반으로 행동할 용기와 확신을 심어주었다. 결국, 경제적 자유를 향한 길은 새로운 것을 배우고, 그 배움을 꾸준히 실천하는 데서 시작된다는 점을 뼈저리게 깨달았다.

개인적으로 무엇보다 중요하다고 느낀 점은 실행력이다. 어떤 현상에 대해 의문을 갖는 것으로 시작하여, 그 의문을 단순히 머릿속에서 끝내지 않고 이를 풀기 위해 노력하며, 마침내 실행에 옮긴다면 누구나 좋은 성과를 달성할 수 있다고 생각한다. 배움과 실천은 따로 떨어져 있는 것이 아니라, 함께할 때 진정한 힘을 발휘한다. 나는 이 과정을 반복하며 매번 작은 성공을 쌓아왔고, 그것이 모여 지금의 나를 만들어 주었다.

지금 이 순간에도 수많은 기회들이 분명 우리 주위를 지나치고 있다. 하지만 준비가 되어 있지 않다면, 그 기회들은 알아차리지 못한 채 그저 흘러가 버리고 말 것이다. 나는 이러한 기회를 포착하기 위한 안목을 키우기 위해, 때로는 하기 싫은 일조차도 스스로 밀어붙이려 노력하는 편이다.

특히, 대다수가 꺼리는 행위 중 하나가 바로 독서이다. 그러나 남들이 기피하는 독서를 즐기고 재밌어하기 시작하면, 남들보다 훨씬 많은 기회를 발견할 수 있다고 믿는다.

독서는 분명 누구에게나 지속하기 쉽지 않은 '귀찮은 행위'이다. 유튜브를 시청하거나 챗GPT 같은 도구를 활용해 빠르게 정보를 얻는 것이 더 편리하게 느껴질 수도 있다. 하지만 그런 방법으로는 스스로 사고하는 힘을 키울 수 없다. 나는 독서를 통해서만 사고의 폭을 넓히고 깊이를 더할 수 있다고 믿는다. 독서는 단순히 정보를 얻는 수단을 넘어, 우리를 성장시키는 도구이며, 미래를 여는 열쇠인 것이다.

지금 바로 책을 읽고, 지식을 쌓고, 그 지식을 바탕으로 확신을 갖고 행동으로 옮기면 성공은 저절로 따라오게 될 것이라 생각한다. 기회는 준비된 사람에게만 보이고, 독서는 그 준비의 가장 강력한 도구이기 때문이다.

주식은 도박이다. 나는 주린이

이번에는 주식 이야기를 조금 해볼까 한다. 나는 사회 초년생 시절 주식으로 오랜 시간 모은 돈을 잃어본 아픈 경험이 있다. 그 이후로 최근까지 주식과는 철저히 거리를 두며 살아 왔었다.

당시 내가 했던 주식 투자는 대부분 감정과 단기적 목표에 의존한 것이었다. 여러 정보를 쫓아다니며 다양한 종목을 단기간 매도 차익을 위해 매수하고, 잦은 매매를 시도했었다. 그러나 시장의 풍문에 의해 투자하는 방식은 변동성에 휘둘리기 쉽다는 사실을 깨닫지 못한 채, 단기적인 성과만을 쫓았고, 결과는 예상대로 실패의 연속이었다.

손실이 반복될수록 자신감은 점점 바닥으로 떨어졌다. 매번 손실이 날 때마다 '주식은 내 길이 아니구나'라는 생각이 머릿속을 지배했고, 자연스럽게 자포자기에 빠지게 되었다. 결국, 주식시장은 내가 감히 발을 들여서는 안 되는 곳이라는 결론을 내리고, 그 이후로 주식과는 완전히 담을 쌓게 된 것이 사실이다.

그로부터 십여년이 흐른 요즘 부동산을 공부하며 읽었던 경제 서적 중에는 주식 투자의 거장들이 쓴 책도 다수 포함되어 있었다. 자연스럽게 부동산과 주식 투자에 대해 함께 생각할 기회가 생겼고, 주식과 부동산 두 가지 투자 방식이 상당히 비슷한 점이 많다는 것을 느꼈다. 특히 두 가지 투자를 병행할 경우 서로를 상호 보완하며 더 큰 성과를 낼 가능성이 있다는 점이 눈에 들어왔다.

책을 읽으면서 '주식과 부동산은 모두 철저한 분석과 전략을 필요로 하며, 적절히 활용하면 자산을 더욱 효과적으로 증대시킬 수 있겠구나'라는 생각이 조금씩 자리 잡기 시작했다. 그러나 당시에는 여전히 주식에 대한 막연한 두려움이 남아 있었기에, 이 생각은 단순한 머릿속의 가능성으로만 머물렀다.

실패를 넘어 : 새로운 주식 투자 시작

그러던 중, 우연히 네이버 '리치군인' 카페에서 부키 멤버들을 만나게 되었다. 이들 중에는 부동산뿐만 아니라 주식 투자에도 깊은 지식과 풍부한 경험을 가진 이들이 많았다. 그들과의 교류는 내게 새로운 관점을 열어주었고, 지금까지 주식에 대해 잘못된 오해와 접근 방식을 가지고 있었다는 사실을 깨닫게 했다.

그 후, 나는 주식 투자에 다시 눈을 뜨고 공부를 시작했다. 그리고 그 과정에서 멤버들은 군인으로서 겪은 경제적 고충에 깊이 공감하며, 진심 어린 조언을 아낌없이 나눠주었다. 특히 '투자는 종목을 고르는 것이 아니라 매수 방법과 관리가 중요하다'는 조언은 나의 투자 철학을 완전히 바꾸어 놓았다.

이 깨달음을 통해 나는 주식 투자에 대한 흥미를 다시 찾았고, 이전의 두려움을 넘어서 본격적으로 배움을 이어가게 되었다. 멤버들의 실질적인 조언과 격려는 내가 주식시장에 다시 발을 들이고, 새로운 도전을 시작하는 데 강력한 원동력이 되었다.

주식 투자에서 멤버들에게 가장 크게 배운 것은 바로 '모방'이었다. 성공한 사람들의 투자 원칙과 철학을 배우고 그대로 따라하는 것이, 불필요한 감정과 충동에서 벗어나는 가장 효과적인 방법임을 깨달았다. 그들은 나에게 주식 투자의 핵심은 꾸준함과 스스로 세운 원칙을 지키는 것임을 강조했고, 이를 나만의 투자 철학에 녹여냈다.

특히 매달 소액이라도 꾸준히 투자하며, 장기적인 목표를 세우는 방식은 내가 그동안 간과했던 부분이었다. 이전에는 단 하나의 종목에 집착하며 단기적인 성과에만 집요하게 매달렸던 투자 방식이 이제는 목표와 전략에 따라 장기적 관점으로 접근하는 방식으로 완전히 바뀌었다. 이러한 변화는 단순히 실수를 줄이는 것을 넘어, 더 안정적이고 지속 가능한 방식으로 투자 생활을 새롭게 다져나가게 해주었다.

경제적 자유를 향한 작은 발걸음

나는 투자에서 가장 중요한 것은 단순히 '배우는 것'을 넘어 '실천하는 것'임을 알고 있다. 그래서 카페에서 얻은 지식을 바탕으로 하나씩 행동으로 옮겨 나갔고, 수익을 조금씩 경험하면서 점차 자신감을 키울 수 있었다. 처음에는 아주 작은 금액으로 시작했지만, 작은 수익이 쌓이며 자신감이 붙었다. 이 경험들은 더 큰 금액으로 늘려갈 수 있는 용기를 주었고, 지금도 계속해서 투자를 실천하면서 성장하고 있다는 것을 느끼는 중이다.

물론 주식 투자를 다시 시작하면서 중간중간 작은 실수들을 하기도 했다. 하지만 카페에서 배운 원칙들이 있었기에 작은 실수들은 금방 만회할 수 있었다. 처음에는 실패가 두렵기만 했지만, 점차 그것을 하나의 교훈으로 받아들이게 되었다.

실패는 단순히 아픈 경험이 아니라, 더 견고한 투자 원칙을 다질 수 있는 귀중한 기회가 되었다. 이제 실패는 더 이상 두려운 것이 아니었다. 오히려 성공으로 가는 길에 반드시 필요한 과정임을 깨닫게 되면서 내 자신은 더 단단해졌다.

지금은 나만의 투자 원칙을 세우고, 그 원칙을 바탕으로 꾸준히 수익을 내며 경제적 목표를 향해 나아가고 있다. 카페에서 멤버들과 함께한 경험과 그들이 나눠준 지식은 주식 투자에서 나를 지탱해 주는 강력한 무기가 되었다. 목표를 향해 한 걸음씩 나아가며 성취감을 느끼는 순간들은 단순히 재정적인 만족을 넘어, 내 삶을 변화시키는 중요한 과정으로 자리 잡았다.

이 경험을 통해 깨달은 것은, 투자는 단순히 돈을 벌기 위한 도구에 그치지 않는다는 점이다. 그것은 나 자신을 성장시키고, 삶의 새로운 가능성을 열어주는 중요한 여정이 되었다.

이쯤에서 내 이야기는 마무리하려 한다. 말을 끝내기 전에 매일 새벽이슬을 맞으며 출근하고, 어두운 밤하늘을 바라보며 퇴근하는 나의 후배, '이 소령'에게 전하고 싶은 말이 있다.

일과 가정 사이의 가치관의 충돌로 인해 많은 어려움을 겪고 있는 것을 옆에서 지켜보며, 과거의 내 모습을 떠올리곤 한다. 그 마음을 누구보다 잘 알기에, 내 글이 그의 마음속에도 작은 변화의 씨앗을 심어줄 수 있기를 바란다.

또한 내가 나눈 작은 경험담이 삶의 균형을 찾기 위해 고군분투하는 모든 분들에게 작은 단서나 영감이 되었으면 한다. 그들이 용기 내어 두려움을 이겨내고, 같은 목표를 가진 사람들과 함께 배우고 성장할 수 있기를 진심으로 응원한다.

후다닥! 아파트 구매 일기

손현규

작가 소개
손현규

육군부사관 16년차.
육군을 사랑하는 직업군인 입니다. 어찌나 사랑하는지 군번만 3개인 16년차 부사관 입니다.
'실천'을 무기로 삼으며, 시간 없다는 말은 '핑계'라는 생각을 입력하며, 가정과 직장을 지키고 있습니다.
군인으로, 아빠로, 남편으로, 아들로써 당당한 사람으로 쭉 살고싶은 목표를 가지고 오늘도 살아갑니다.

내가 믿고 싶은 것만 믿고 살았다.

"지금 집 사면 바보야! 지금 집값은 거품이야. 임마!"

'24년 1월의 어느 날이었다. 출근길, 차디찬 바람이 몸을 휘감아 한기가 느껴졌고, 얼굴이 건조해질 때쯤 흡연장으로 향했다. 선배들과 후배들은 한 손에는 김이 모락모락 나는 커피를 탄 종이컵을 들고, 다른 한 손으로는 담배를 피우며 아침부터 너도나도 부동산 전문가로 빙의되어 한마디씩 나누고 있었다.

"지금 부동산은 더 떨어져야 해, 잘 봐라, 아마 반토막 날 껄?"
"맞아 이제 하락장 시작이야. 5년 뒤에 구매하면 딱 맞아!"

거기에 나 또한 동조하며 개인 의견을 보탰다.
"어제 뉴스 보셨습니까? 대출 금리가 엄청 높습니다. 지금 집을 누가 삽니까? 지금은 군인적금이 최고 아닙니까?"

'부동산'. 나는 절대 가질 수 없는 거라 생각했고 오로지 적금을 통해 이자를 받으며, 현금을 보유하고 있어야 한다는 생각뿐이었다. 그리고 대출 없이 현금만으로 집을 사야 한다고 생각했다. 대출을 받아 집을 사게 되면 대출금을 갚을 여력이 없었기 때문이다. 한 달

손현규, <후다닥! 아파트 구매 일기>

봉급은 가족들 생활비로 쓰기에 급급했고, 자동차 할부금을 상환하는 것이 우선순위였다.

군인으로 살아온 지 15년, 부동산은 다른 세상의 이야기였고, 대출은 '절대 하지 말아야 할 행동, 돈이 없다면 구매하지 않고, 없으면 없는 대로, 그냥 있는 대로 살자' 생각이 나를 집어삼킨 상태였다.

그도 그럴 것이, 내 주변에는 부동산을 소유한 사람이 없었다. 그들의 자산이라고는 저금, 주식, 코인이 전부였다. 부동산 가격은 걷잡을 수 없이 치솟았고, 그 치솟는 가격을 따라갈 수는 없었다. 봉급이 정해져 있으니, 그들은 모두 빨리 돈 버는 것만 찾았지만 제자리걸음 중이었다. 물론 부동산을 사야 한다고 이야기했던 주변인도 있었다. 나도 그들과 같이 아파트 매수하려 시도했던 해가 있었다.

2017년이었다.

당시 강원도 홍천에서 나는 전역을 준비하고 있었다. 그런데 3인 가족이었던 나는 관사를 나오면 당장 들어갈 곳이 없었다. 막연한 현실에 주변 아파트 가격을 보았지만, 노후화된 시설에 비해 너무 비싼 가격이었다. 가족은 춘천에 아파트청약을 해보려 했지만, 수중에 가지고 있던 3천만 원으로는 당첨이 되어도 구매할 수 없었다.

사실 아파트청약과 중도금 내는 방법도 몰랐다. 만약 아파트값이

2억이라면 2억을 대출 없이 사야 한다는 생각만이 가득했을 뿐이다. 부동산과 아파트에 관심 가진 것은 그때부터였다. 2년 후 2019년, 가족이 청약하자고 했던 아파트는 입주를 시작했고, 매매가는 무려 6억이 되어 있었다.

분양가는 2억 9천만 원이었지만, 어찌 된 영문인지 그새 가격이 두 배나 올랐다. 정말 이해할 수 없었고, 이유 없는 분노가 치솟았다. 부동산 가격은 거품이라며 부정했었다.

2017년 3월, 지금은 전역한 부사관 동기 가족과 가족 모임을 하며 춘천에 대단지 아파트가 미분양이 났는데, 2천만 원 계약금만 있으면 되니 같이 넣어보자고 했던 바로 그 아파트였다.

안부를 주고받을 겸 동기와 통화를 했다.
동기 : 잘 지내? 나 고향으로 내려가게 됐어.
나 : 그래? 잘됐네! 근데 고향에 내려가면 춘천 아파트는
  어떻게 하려고?
동기 : 아, 그건 바로 팔았어, 팔고 대출금 갚고, 고향에
  아파트 매매할 돈까지 마련돼서 이미 아파트도 계약했어.
나 : 아니, 그게 가능했어? 대출금은 어떻게 받았길래? 너
  3천만 원밖에 없었지 않았나?
동기 : 응, 맞아 직보 기간에 중도금 납부 기간이 되었는데
  군인 신분으로 인정을 해 줘서 대출도 가능했어.

나 : 와 대단하네. 집은 얼마에 매도했어?

동기 : 아내가 알아보면서, 시기를 잘 타서 6억에 팔았어.
　　　넌 재입대했다며, 지낼만해?

나 : 미안해, 지금 바빠서 나중에 다시 전화할게.

이 대화로 우리의 순자산의 변화는 엄청난 차이가 있음을 알게 되었다.

	2017년	2019년	변화
나	3,000만 원	7,500만 원	+ 3,500만
동기	3,000만 원	3억 4,000만 원	+ 3억 1,000만

분노가 치밀었다. 배가 아픈 것보다 기회를 걷어찬 나에게 화가 났다. 아무짝에도 쓸모없는 무식한 신념으로 살고 있는 스스로가 개탄스러웠다.

대출 받아 자동차 산 멍청이

　내 생애 첫 대출은 딸아이가 태어났던 2014년 2월, 2010년식 중고차 모닝을 구매하기 위해 은행에서 받은 6백만 원이었다.
　당시 받은 대출을 생각하면 엄청나게 답답하고, 옥죄는 기분이었다. 처음 받아보는 대출이기도 하였지만 매달 원금과 이자를 합쳐 25만 원 정도 되는금액을 3년간 갚아 나간다는 것이 부담스러웠고 스트레스를 받았다.
　특히 은행에 대한 부정적인 생각도 많이 들었다. 그동안 계속 국민은행을 이용하며, 국민은행 카드만을 사용했는데, 대출을 받을 때 체감할 만한 혜택이 거의 없다고 느껴졌다.

　스트레스의 가장 큰 원인은 '나의 현재 재정상황' 때문이었다. 당시 나는 중사 계급을 갓 달았지만, 한 달 봉급이 세후 190만 원이 채 되지 않았다. 그 봉급으로 3인 가족이 살아가기란 결코, 쉽지 않았다.

　각종 보험료, 통신비, 식비, 아이 기저귀 등 생활비와 적금을 포함하면 마이너스가 되는 달이 종종 있었다. 당시 대출 금리는 가산금리가 붙어도 2.6%에 불과한 수준으로 낮은 수준이었다. 한 달 대출이자는 만 원 남짓이었지만 나는 대출에 대해 더욱 부정적인 생각을 가졌다.

경제에 대한 지식이 없었고, 노력조차 하지도 않은 채, 먼저 복무한 선배들의 말만 듣고 지식을 쌓아 갔다. 당시 선배 중에는 "군인적금은 절대 들지 말고, 군인공제회만을 이용하라"고 당부하는 분들이 많았다. 심지어 영관장교들조차 그랬다. 아직도 기억이 생생하다.

"군인공제회는 군인만을 위해 존재하며, 나중에 나의 재산을 불려주는 아주 좋은 기관이다."

전역한 선배들은 군인공제회가 어떻게든 군인의 복지와 경제를 책임져 주니, 우리는 그냥 맡기고 20년 후 계좌를 확인하면 수억이 쌓여있을 것이라는 확신에 찬 말들로 초임간부들에게 재테크를 설명하곤 했다.

당시에도 재테크 열풍은 엄청났고, '풍차돌리기 적금법' 등 여러 가지 방법들이 인터넷을 통해 널리 퍼져있었다. 하지만 내 생각의 끝은 항상 같았다.

'당장 먹고살 돈도 부족한데, 이 봉급으로 무슨 재테크야. 적금으로 현금부터 확보하고 나중에 생각하자'

대출에 대한 스트레스 때문에 정근수당, 명절휴가비 같은 보너스가 나오는 달이면 허리띠를 더욱 졸라매고, 심지어 적금을 해지해서라도 당장의 대출을 모조리 갚아버렸다. 물론 대출 중도해지로 인해 은행에 8만 원 정도의 해지 수수료까지 물어야 했다. 그렇게 나의 인생 첫 대출 경험은 마무리되었고, 대출에 대한 부정적 인식만 강화된 채 현금에 집착하기 시작했다.

코인으로 쪽박 찼다.

2016년 12월, 부대 복무 중 새로 유입된 젊은 하사 및 소위들의 재테크, 투자 방법은 참 다양해져 있었다.

특히 '비트코인'의 열풍이 거셌다. 당시 비트코인의 가격은 '50만 원'이었다. 하지만 가격보다도 끌렸던 것은 그들이 말했던 큰 변동성이었다.

주식이라곤 단 한 번도 해본 적이 없었다. 부모님께서 "주식을 하면 패가망신한다. 개 잡놈 된다"라고 늘 말씀하셨기에, 주식은 쳐다도 보지 않았고, 투자에 대한 기본적인 사고방식이 정해져 있었다.

그런데 비트코인은 매일, 매시간, 매분 등락이 매우 크고, 24시간 운영되기에 나는 지레 겁을 먹고 있었다. 하지만 하나같이 비트코인을 하면 단기간 큰돈을 벌 수 있다고 말하였고, 실제로 이제 막 임관한 한 하사는 당시 봉급 세후 140만 원 정도였지만, 비트코인에 2천만 원이 들어 있는 것을 보고 나는 소스라치게 놀랐다.

나는 그 하사에게 "어떻게 하는 거냐?" 묻고, 저녁밥까지 사주며 더 자세히 알려 달라고 했다. 결국 계좌에 입금하고, 무엇을 사면 되냐고 묻고 있었다.

그렇게 나의 첫 번째 투자가 시작되었다.
현금 30만 원으로 시작했는데, 무엇을 사도 1백만 원이 되었고, 어느새 5백만 원까지 불어났다.

나는 점점 욕심이 생겨 눈이 돌아갔고, 아내 몰래 적금 만기된 금액 중 3백만 원을 추가 입금하여 자산을 천백만 원으로 만들었다. 가족에게 자랑하듯 늠름하게 말하며 "돈 잘 벌어올게!"라며 가당치도 않은 호언장담을 했다. 그리고 매일 신나서 초임 하사가 말해준 코인을 밤낮없이 사들였다.

그리고, 3개월 후. 2천만 원은 2백만 원이 되어 있었다.

그렇다. 나는 쪽박을 찼다.

조금만 지나면 좋은 차를 살 수 있다고 큰소리쳤었다.

쇠가 달궈지듯 머리가 뜨거웠다. 내게 돈 벌었다고 자랑했던 놈들이 미웠다. 내 잘못을 인정하기 싫어 남 탓만 했다. 그래도 돈은 다시 돌아오지 않았다.

빨리 돈을 벌어서 좋은 차를 사고 싶었다. 하지만 코인 투자로 인해 힘들게 훈련하고 윗사람에게 충성을 다하며 모은 돈을 다 날려 버렸다. 남을 탓하고 싶었지만, 그것은 의미가 없었다.

해결 방법을 고민했다. 아무리 고민해도 방법은 사실대로 아내에게 말하는 것이었다. 때마침 비트코인 폭락을 눈치챈 아내가 내게 물었다. 나는 아내에게 사실대로 말하고, 각서를 썼다. 다시는 주식과 코인 투자하지 않겠다고. 진심으로 미안했다. 그리고 지금도 미안하다.

비드코인이라는 투자를 한 번이라도 해본 사람은 아마 공감할 내용일 것 같다. 가끔 유부남들끼리 대화할 때 누군가는 꼭 이렇게 말한다.

'때론 허락보다 용서가 더 빠르다'

틀린 말은 아니지만 나는 요즘 저런 말을 하는 사람은 멀리하고 있다.

친절한 나쁜 놈 : 보험 선배

마음이 너무 잘 맞아 가깝게 지내던 장교가 있었다. 이 장교는 성격도 착하고, 운동도 잘했으며 명문대를 졸업한 뭐 하나 빠지지 않는 일명 '엄친아' 장교였다. 나는 이 장교와 좋은 관계를 유지하며 지냈고, 어느덧 그 장교는 전역을 하게 되었다.

전역 후 3개월간 연락을 지속하다가 오랜만에 얼굴을 보고 싶다며 나의 근무지인 홍천에 방문하였다. 그를 본 순간, 나는 깜짝 놀랐다. 벤츠 신형 E 클래스를 타고 왔고, 멋지게 정장을 입은 그는 한 번도 본 적 없는 세련된 모습을 보였다.

속으로 생각했다. '무슨 일을 하는 거지? 집이 그렇게 잘산다고 하지 않았던 거 같은데?'

그래도 보자마자 포옹으로 맞이하며, 벤츠를 탔다. 차 안에서 어떻게 지내냐고 대화를 나누었지만, 벤츠에 더 눈이 가서 그날 무슨 대화를 나눴는지 기억이 나지 않는다.

함께 식사하며 복무의 추억을 나누던 중 재테크를 하고 있느냐는 질문을 받았다.

나 : "군인공제회 40만 원, 적금 30만 원, 부모님 용돈 매달 20

만 원 정도 드리고 있어. 나머지는 보험이랑, 용돈, 야간대 다니는 곳에 쓰고 있지. 왜?"

보험 : "형이 이번에 '메트라이프' 라는 회사에 입사해서 재무설계사 FC로 일하고 있어. 자격증도 3개 정도 땄거든. 그래서 재무설계도 해 줄 겸해서."

나 : "아! 그럼 나야 고맙지~!"

그렇게 점심을 먹고, 옆 카페에서 해가 질 때까지 열심히 이야기를 나눴다.

보험 : "일단 군인공제회부터 해지하고 거기에 납입하던 돈으로 우리 회사 펀드 적금 개념의 '마스터플랜 변액유니버셜' 을 30만 원씩 먼저 넣자. 내가 관리해 주면서 돈 불려줄게. 10년만 납입하면 만기 때 비과세니깐 일종의 장기 적금이라 생각하면 돼!"

성공한 사람이 나를 생각해 직접 찾아와 본인처럼 부자로 만들어 주려는 마음과 행동이 너무 고마웠다. 그렇게 1년 반 정도 지났을까? 간간이 연락 오던 그는 본인의 메신저 프로필 사진을 수상 이력이 담긴 사진으로 바꿀 뿐 연락이 뜸해졌다. 그리고 내 계좌의 수익률을 보았는데 -20% 가 찍혀 있었고, 그와 오랜만에 통화를 하게 되었다.

보험 : "형이 계약할 때 말했잖아. 우리 회사가 수수료(투자금

의 15%)를 조금 많이 떼는데, 추가 납입이라는 제도가 있어. 추가 납입하면 수수료를 떼지 않으니 추가 납입하는 게 좋을 것 같아. 호봉도 올랐으니 20만 원 정도 더 추가 납입하는 게 어때?

지금의 마이너스는 금방 복구되니깐 걱정하지마! 아, 그리고 형 팀장 됐어. 이번 주에 홍천에 갈 일이 있는데 선물도 줄 겸 얼굴 보자. 재무설계도 다시 하고, 어때?"

나 : "응, 알았어"

1년간 쌓였던 서운함이 살짝 없어졌다. 어쩌면 나도 관심을 두지 않았던 탓이니, 그를 탓할 수는 없었다. '그래도 나를 잊지 않고 관리해 주고 있었구나. 그리고 팀장이라고 하니 능력 있나 보네'라고 생각하며 그에 대한 믿음은 계속 이어졌다.

그렇게 두 번째 만남을 가진 뒤, 5년이 지났다. 그리고 나는 전역을 앞두고 있었다. 한때 나에게 재무설계를 해 준다던 그는 오래전 연락이 끊겼다. 심지어 그는 퇴사했고, 미래에셋생명으로 갔다고 한다. 그의 메신저 프로필이 그 사실을 말해주고 있었다.

나의 상품은 그 누구에게도 관리를 받지 못했고, 중간중간 메트라이프 회사에서 새롭게 담당을 맡게 되었다며 연락이 왔지만, 자신이 처음부터 따낸 계약이 아니니 뒷전이었다. 결국 네이버와 여러 카페를 뒤지며 전전긍긍했고, 혼자 앱에 들어가 비중을 조정하고 있었다. 이러면 대체 왜 수수료를 가져가는 건지 이해가 되지 않았지만 그래도 마이너스는 복구해야 했다.

내 투자 원금은 대략 3천8백만 원이었다. 하지만 수수료 570만 원이 증발했고, 마이너스 30%로 지금 남은 돈은 2,240만 원이 남아 있었다. 내돈 4천만 원이 이 지경이 된 것이다. 눈물이 났다. 눈물이 고이더니 어느새 엉엉 울고 있었다.

너무 억울했다. 이제 곧 전역인데, 나는 혼자가 아닌 가장이었다. 지출해야 할 금액을 단 1분만 생각해도 막막할 정도로 많았다. 하지만 현실은 전혀 도움이 되지 않았다. 투자하지 않고, 그냥 현금을 가지고만 있었더라도 대략 4천만 원은 되었을 텐데. 이제 남은 건 절반 뿐이었다. 너무 분했다.

그는 내 전화를 받지 않았다. 카카오톡에서만 그의 프로필을 확인할 수 있었다.

당시 전역을 앞두고 바로 출근할 새로운 직장을 구했지만, 월세 50만 원을 내기엔 부족한 월급이었다. 당장 살아야 할 집을 해결하기 위해 많이 고민했지만, 결국 보험료 납부를 중지했다. 손실률이 너무 커서 도저히 해지할 수 없었다.

전역을 앞둔 신분이라는 이유로 은행 대출은 거절당했고, 아파트는 구할 생각조차 하지 못했다.

결국 처가에 손을 벌렸다. 우리 가족은 지어진 지 20년 된, 주변에 논밭밖에 없는 홍천 끝자락 변두리 3층짜리 빌라를 전세로 얻어 이사했다. 아직도 등유 보일러를 사용하고, 가스레인지는 LPG 가스통을 통해 켜는 오래된 빌라였다. 전세 보증금은 퇴직금 2천3백만 원과 처가에서 빌린 4천만 원으로 겨우 마련했다. 그 빌어먹을 변액보험의 원금만 있었다면 쉽게 해결할 수 있는 문제였다.

그때 나는 시간, 돈, 신뢰, 이 세 가지를 잃었다고 생각했다.

첫 번째, 약 6년 넘게 투자했던 시간 대비 원금을 건지지 못했기에 6년이라는 긴 시간을 버렸다.

두 번째, 6년 동안 모은 돈은 적금을 포함하여 3천만 원이 전부였다. 차라리 그 돈을 적금에 넣었거나, 가만히 들고 있었거나, 정말 필요한 곳에 소비했더라면 이렇게 억울하지는 않았을 것이다.

마지막으로 처가 식구들로부터 잃어버린 신뢰이다.
그때 내 딸아이는 4살이었다. 장인장모 입장에서 나는 생각했다. 내 딸이 아무것도 가진 것 없는, 그저 사랑한다는 말 한마디로 시집을 갔는데, 사위라는 녀석이 가진 것 하나 없고, 관사에서 사는데 갑작스럽게 전역을 하게 되었다고 한다. 심지어 사위가 집을 구해야 하는데 4천만 원이 부족하다고 빌려달라고 한다면 나는 과연 어떤 기분일까?

'내가 생각해도 무능한 놈에게 내 딸을 맡겼다고 생각하겠다.'

이런 생각을 하다 보니 내 자신이 너무 싫어졌다.
마치 도미노처럼 무너졌다고 생각했다. 잘못된 투자가 얼마나 위험한 건지 나는 체험하고 있었다. 신이 있다면 '너 이 녀석! 투자를 함부로 해? 버릇을 고쳐주마'라고 말하는 것 같았다.
그렇게 나는 이를 꽉 깨물고, '돈 잃는 경험'을 크게 했다고 생각했고, 절대 이 기분과 생각과 경험을 잊고 살지 않겠다고 다짐하고, 또 다짐했다.

현금만 보유하자.

나는 이런 경험을 통해 '현금만 모아야겠다.'라고 생각했다. 그 어떤 상황이 와도 해결할 수 있는 능력을 키워야겠다고 생각했고, 의심은 없었다.

그렇게 일반 회사에 다니다 '재입대'를 선택했고, 화천에 모포병 부대에 배치되었다. 이후 최소 생활비만 남기고, 나머지는 모두 군인 적금에 가입해 저축했다.

2018년 하사 9호봉 월급은 각종 수당을 포함하여, 세후 2백만 원 조금 안 되는 금액이었다.

70만 원의 생활비를 제외하고 130만 원으로 군인 적금 3개를 납부했다. 당시 직업군인 우대 적금이율은 최대 4.5~6% 정도였다. 은행별로 차이가 있었지만, 2018년 한국은행 기준 금리가 1.5%를 생각하면 그땐 파격적인 적금 금리였다.

그리고 직업군인 적금의 허술함이 있던 시기였기에, 가입한 3개의 적금 모두 최소 4.5% 이상의 금리를 받을 수 있었다. 각 은행은 군인들이 자신의 은행을 주거래로 등록하면 높은 이자를 주는 식이었다.

그렇게 최대 3년간 은행 적금을 활용해 3천5백만 원의 종잣돈을 모을 수 있었다. 중사로 전역해 하사로 다시 시작했지만, 내가 선택한 일이었고, 내가 자초한 일이었기에 그 누구보다도 군 생활을 열심히 했다. 똑같은 실수를 반복하지 않기 위해 더욱더 노력했고, 스스로 다잡았다. 아내는 나에게 "재입대를 반대하지만, 당신 결정이니 완벽하고 옳은 방법으로 군생활 했으면 좋겠다."라고 말하며 나의 결정을 존중해 줬다.

아내는 딸이 5살 되던 2018년, "이렇게 지내면 안 되겠다."라고 생각을 하며, 소상공인으로 미용 가게를 운영해 보자고 제안했다. 그렇게 화천에 미용 가게를 개업했고, 단 2개월 만에 나의 봉급보다 더 많은 매출을 냈다.

가족의 희생 덕분에 조금씩 더 나은 생활의 발판을 마련하고 있었지만, 그만큼 미안한 마음이 컸다. 연고도 없는 낯선 지역에서 자영업까지 한다는 것이 결코 쉬운 일이 아니었기 때문이다.

이후 조금씩 숨통이 트이는 느낌을 받았고, 덕분에 적금 금액도 더욱 늘릴 수 있었다. 현금을 모으겠다는 집념 하나로 4년동안 총 8천만 원의 종잣돈을 마련했다.

그러나 그 돈은 오래가지 못했다.

외제차를 산 정신 나간 놈

지금껏 새 차를 사본 적이 없다.

가진 것 없이 24살에 결혼했기에, 처음에는 중고 경차를 샀고, 2017년에는 가족의 교육과 사업 준비를 위해 2012년식 SM3(주행거리 8만 km)를 구매했다.

하지만 자영업을 하는 아내의 SM3는 점점 상태가 나빠졌고, 수리비 폭탄이 예고된 견적을 받으며 폐차까지 고민해야 하는 상황에 이르렀다. 그렇게 중고차를 알아보고 있었지만, 가족은 단호히 반대하며 말했다.

"이제 수리받으러 다니는 것도 너무 싫고, 남이 타던 차는 그만 타고 싶어."

아내의 그 말이 강렬하게 머릿속에 박혔다.

2022년, 태어나 처음으로 새 차를 알아보았다. 그러나 당시 반도체 공급난으로 인해 어떤 차량이든 출고까지 최소 1년 이상이 걸리는 상황에 부딪혔다.

'차량이 얼마 못 버틸 것 같은데….'

고민 끝에 친동생에게 이 사정을 이야기하자, 어차피 국산 신차랑 외제차 가격이 크게 차이 나지 않으니, 자신이 거래했던 딜러에게 확인해 보자고 했다. 이미 마음이 급했던 터라, 외제차를 탈 수 있다는 기대감에 가슴이 웅장해졌고, 그렇게 일사천리로 상담까지 진행하게 되었다.

차량 가격은 6천7백만 원이었고, 출고까지는 입항을 포함해 단 1개월이면 가능했다. 천2백만 원 할인받아 5천5백만 원으로 번쩍번쩍 외제 차를 타게 되었다. 원래 내가 사려고 했던 국산 세단과 가격 차이가 크지 않았으며, 출고도 오래 걸리지 않는다는 것이 큰 장점이었다.

그렇게 나는 결국 현금 4천5백만 원과 대출 천만 원을 합쳐 차량 계약을 했고, 딱 한 달 만에 서울에서 새 차를 출고 받았다.

눈물을 머금고 이 악물고 5년간 현금을 모았지만, 이제 나에게 남은 것은 3천5백만 원이 전부였다.

은인을 만나다.

'23년 11월 나는 여느 때와 똑같이 네이버 카페를 돌아다니며 재테크에 대한 글들을 보고 있었다. 여느 때와 다름없이 글들을 정독하다 리치비라는 블로거의 글을 보게 되었다.

'<리치비의 아마전>, 돈에 대한 이해' 라는 제목의 글이었다. 아마전은 아파트 마련 전략의 줄임말이었다. 장문의 내용을 정독했다. 그리고 리치비님의 블로그까지 방문해서 모든 게시글을 다 읽었다. 그가 쓴 글 27개를 보고 난 후 난 허탈감을 느꼈다.

'뭐지, 나 뭐하고 있는 거지?'

군인 재테크 카페에 올라오는 글들을 보며 댓글을 달고, 블로그 이웃을 신청하고, 더 알고 싶은 마음에 댓글까지 정독했다.

처음에는 생소한 단어들로 가득 차 있어 무슨 말인지 이해조차 되지 않았다. 부동산 관련 용어 하나하나를 검색해 가며 겨우 뜻을 파악했고, 그 과정에서 내가 알고 있던 경제 지식과는 전혀 다른 세계가 펼쳐지고 있음을 깨달았다.

마치 학교에서 선생님께 배우던 똑같은 과목을 일타강사에게 과

외 받는 느낌이었다. 내가 알던 수준을 훌쩍 넘어선 개념들이었고, 이해될 때까지 몇 번이고 되뇌며 곱씹었다.

그리고 충격적인 게시글을 발견했다.

'1,600백만 원으로 1기 신도시 아파트를 매수했다.'

이 글을 보고 두 눈이 휘둥그레질 수밖에 없었다. 앞서 말했듯, 나의 과거 경험 속에서는 이런 일이 단 한 번도 가능하다고 생각해 본 적조차 없었다. 내가 알던 아파트 매수란 기본적으로 억대의 현금을 보유한 사람들만 가능한 일이었다.

'이거 거짓말 아니야?'

혼잣말로 중얼거리며, 궁금증과 호기심, 그리고 의심의 경계에서 고민했다. 어떻게 몇억 원을 호가하는 부동산을 단돈 천6백만 원으로 매수할 수 있단 말인가? 이해할 수 없었다.

나는 확인하기 위해 1기 신도시 매물을 검색하자, 경기도 일대에 있는 네 곳의 지역이 나왔다. 하지만 가장 저렴한 매물조차 4억 원 이상이었다. '혹시 수도권이 아닌 지방의 1기 신도시 이야기인가?'라고 생각하며 경남권과 강원권에서만 살아온 나는 그렇게 지방의 1기 신도시를 검색해 보기도 했다. 물론 결과는 없었다. 며칠간 생각만 하던 나는 결론을 냈다.

리치비님의 게시글을 읽을 때마다, 내가 생각하는 것과는 180도 다른 시각이 보였다. 나는 매번 안 된다고 부정하며 벽을 만들어 놓고 있었다.

"혹시 내가 틀렸다면?"
"혹시 내가 현실을 부정하고만 있는 거라면?"
"혹시 내 사고방식이 나를 가두는 틀이었다면?"

이런 생각을 하기까지 며칠 걸렸지만, 답은 너무나도 명확했다.

'나는 시도해 보지 않았고, 리치비님은 시도한 것을 썼다. 내가 지금도 믿지 않고 의문을 가지는 이유는 보고 싶은 것만 보고, 받아들이지 않기 때문이다.'

그리고 문득 이런 생각이 들었다 "어쩌면 이분이 나의 부를 축적할 터닝포인트를 만들어 줄 은인이 될지도 모른다!"

그의 블로그에는 이런 내용이 있었다.

[우리는 살아오면서 경험한 것이 전부 맞다고 생각하는 '확증편향'이 있다. 그걸 이해하고 벗어나기 전까지, 사람은 그 틀 속에 갇혀 산다.]

그게 바로 나였다. 그렇게 나는 맨땅에 헤딩하듯, 그가 쓴 부동산 관련 글들을 읽기 시작했고, 하나씩 나름대로 요약본을 만들어 가기 시작했다.

'내가 알던 사실은 사실이 아니었다.'
리치비님이 진행한 유튜브 라이브 방송에서 돈의 개념, 화폐 가치의 변화, 그리고 대출에 대한 개념을 배울 수 있었다. 언제 부동산을 매입해야 하는지, 어떠한 기준으로 대출이 성립되는지를 이해하면서, 나는 지금까지 알고 있던 모든 지식을 버리기로 했다.
대출이라는 단어만 들으면 학을 뗄 정도로 부정적이었던 생각이 변했다. '대출 = 빚'이 아니라 이라는 공식에서 '대출 = 미래의 자산을 당겨오는 것'이라는 개념이 더 정확했다.

'내가 틀리지 않았다. 이건 인생의 터닝포인트가 맞다! 어쩌면 나는 진짜 내 생애 첫 아파트를 구매할 수 있을지도 모른다!'

나는 리치비님이 만든 카페에서 제공하는 모든 정보가 알고 싶어졌다. 아니, 정확히 말하면 "나를 바꾸고 싶었다. 이대로 살고 싶지 않았다. 그렇게 나는 내 인생의 가장 비싼 도전을 시작했다.

꼭 산다! 부동산 스터디

'꼭 산다! 부동산 스터디 1기'에 도전하기로 했다.
'자유시간 투자자'라는 카페 스탭의 글을 읽게 되었는데, 그 글의 내용과 메시지가 내 마음 깊이 와닿았다.

'지금 내 집 마련하기 좋은 시기예요. 제가 함께 하겠습니다.'

글을 보자마자 바로 신청했다. 애절한 마음을 신청서에 담아 보냈다. 그렇게 나는 '꼭 산다! 부동산 스터디 1기'에 참여하게 되었고, 첫 오리엔테이션에 참석했다.

가장 먼저 강조된 내용은 가용 현금과 대출 한도였다. 어떻게 보면 너무도 당연한 이야기다. 어떤 물건을 구매하려면, 그 가격에 상응하는 현금이 있어야 한다. 자유시간 투자자님의 교육을 통해 단순히 현금을 보유하는 것이 아니라, 내가 감당할 수 있는 대출 금액을 함께 고려해야 한다는 것을 알 수 있었다.

먼저, DSR(연 소득 대비 총부채 원리금 상환비율)을 확인해야 했다. 내 기준으로, 연봉이 5천5백만 원이니 DSR 40%를 적용하면

1년에 최대 가능한 원리금 한도는 2천2백만 원인 것이다. 자유시간 투자자님은 5억 아파트를 기준으로 잡고 이 설명해 주셨다.

너무 놀랐다. 나는 지금 5억짜리 아파트까지 구매가 가능한 상황이었기 때문이다. 너무나도 기뻤고, 신이 났다. 이 교육을 듣지 않은 사람이라면 미친놈이라며 손가락질했을지도 모른다. 대출받아 집을 사는데 저렇게 기뻐하고, 신이 나는 놈을 쉽게 이해하긴 어렵기 때문이다. 불과 몇 달 전의 나 역시 '미친놈'이라고 했을 것이다.

그렇게 내가 구매할 수 있는 아파트를 미친 듯이 검색했고, 그 자료를 정리했다. 이 과정을 온라인 임장이라고 불렀다.
교육을 통해 배운 임장 체크리스트 기준과 나의 가용 가능한 현금을 고려하여 수도권 아파트를 여기저기 살펴보았다. 가용 현금과 대출을 고려했을 때 내가 구매 가능한 아파트 가격은 최대 5억이었다.

부대에선 쉬는 시간만 되면 호갱노노 어플과, 서울 지도만 보고 있는 나를 이상하게 생각했다. 친분 있던 부사관들은 부대 옮기려고 하는 것이냐고 물었고, 그때마다 난 자신 있게 답했다.

"아파트 살 건데?"

평소 장난기가 많은 내 성격 탓에 사람들은 장난인 줄 알고 코웃음 쳤고, 진지하게 받아들인 사람들도 "금리가 이렇게 높은데 무슨 소리냐"며 핀잔을 주곤 했다.

'어차피 내가 말해줘도 그들은 절대 이해하지 못한다. 나도 그랬으니까.'

시간이 아까운 나머지, 나는 계속해서 검색하고, 단지를 찾아 나섰다. 술자리, 골프 약속, 주말 여행 등은 머릿속에 들어오지 않았다.
나는 이번 기회가 너무 절실했고, 절대 놓치고 싶지 않았다.
그렇게 약 6주간 미친 듯이 인터넷 임장을 진행한 끝에, 내가 사고 싶은 아파트를 찾아냈다.

외제차 팔고, 내 집 마련하자!

스터디를 통해 배운 부동산 임장 체크리스트에 부합하고, 나의 가용 금액에도 부합한 아파트를 찾자마자 그동안 생각만 하던 큰 결심을 내렸다.

"2년 전에 샀던 내 인생의 첫 새 차, 외제차를 팔자'

하지만 아내는 극구 반대했다.

이제 겨우 2만 km를 탄 차를 판다는 결정에 아내는 폭발했다.

"정신 나간 소리 좀 그만해!"
"수도권 아파트를 자주 보다 보니 1억, 2억이 우습냐!"
"눈이 너무 높아진 것 아니냐!"

그 순간 나는 깨달았다.
"아! 제일 중요한 아내 설득을 하지 않았다."
아내를 안 지 13년이다.

연애부터 지금까지 크고 작은 결정은 상의했지만, 결국 모든 결정은 거의 내가 해왔다. 착한 아내는 나의 결정을 항상 존중해 주었고, 잘못된 결정이라 해도 남편의 선택이라고 받아들였다. 나는 그것을 당연하게 여겼다. 매번 나를 존중해 준 것이었는데, 나는 그것을 호의가 아니라 권리로 알고 행동했다.

'그런 아내가 이렇게까지 반대한다면 분명 다른 생각이 있지 않을까?' 라는 생각이 들었고, 아내와 대화를 나누었다.

리치 군인 카페 스터디 자료들을 보여주며 설명했다. 물론 나의 연봉과 매달 고정 지출 목록을 보여주고, 앞으로의 계획까지 PPT로 만들어 브리핑했다. 약 10장 분량의 자료를 본 아내는 한마디 했다.

"당신을 믿는데, 후회하지 않게 해. 당신은 당신 선택에 후회하고 나에게 우유부단함을 보이잖아. 그러면 진짜 나도 당신을 존중해 주기 힘들어"

맞다. 결국 내가 문제였다. 아내는 나의 성격을 정확히 알고 있었다. 아내는 오늘 날을 잡았다. 나는 뒷짐을 지고 아내의 말을 들었다.

"사실 당신이 좀 짜증 났어. 차를 떠받들며 행동하는 걸 보면서 뭔가 잘못됐다는 생각을 많이 했거든. 솔직히 차를 파는 거, 나는 찬성이야."

속마음이 쏟아져 나왔다. 그리고 틀린 말이 하나도 없었다. 나는 2년간 단 한 번도 타인에게 운전을 맡긴 적이 없었고, 손세차를 안 한 적이 없었다. 세차 한번에 무려 4시간을 썼다.

'나는 사람보다 차를 떠받들며 살았구나.'

현실적인 부분을 보자면, 나는 외제차를 감당하지 못하는 재산 수준이었다. 그러니 차를 애지중지하지 않았을까?
그렇게 나는 첫 새차이자 첫 외제차를 팔았다.
판매 금액은 4천8백만 원이었다. 2년 만에 대략 천7백만 원 손해를 봤다. 금액을 처음 들었을 때 화가 났지만, 내 무지한 선택이었고, 그 결과를 받아들여야 했다. 그렇게 다시 한번 내 결정에 후회하지 않기 위해 아파트 구매에 한 발자국 나아갔다.

인생 첫, 부동산 중개사와 통화하기

가용 현금과 대출 가능 금액을 확인한 후, 나는 빠르게 아파트 매수에 집중했다. 평소 관심 두고 보던 아파트의 좋은 매물이 올라왔다.

'26평, 12/15층, 주인 올수리, 4억 천5백만원'
글을 보자마자 자유시간 투자자님께 자문을 구했다.

"아직은 매수자 우위 시장이에요. KB시세 4억이니 중개사분께 4억 5백만 원에 해주시면 지금 바로 계약금 쏜다고 말씀하세요~"

업무를 끝내자마자 중개사에게 전화했다.

중개사 : "XX중개사입니다."
나 : "네 안녕하세요! 혹시 xx아파트 26평형 4억 1,500만 원에 올라온 매물 궁금해서 연락드렸습니다."
중개사 : "네, 저희가 관리하는 매물 맞습니다. 혹시 실거주 목적이신가요?"
인생의 첫 중개사와 통화였다. 너무 두근거렸다. 처음 통화하는 사람처럼 보이지 않으려고 노력했다.
중개사는 "실거주 목적이냐, 투자 목적이냐?"를 세 번 이상 물어봤다. 아직 내 편이라는 생각이 들지 않아 실거주 목적이라고 답했다.

나 : "네, 맞아요. 하지만 지금 당장은 아니고 나중에 거주할 계획입니다. 혹시 해당 매물은 리모델링도 다 되어 있는데 왜 매물로 나온 걸까요? "

중개사 : "신혼부부인데 비과세 조건을 충족해서 서울로 이사 가려고 빠른 매도를 원하시네요~"

나 : "그렇군요. 저도 아파트에 관심이 있는데, 가격이 문제네요. 1천5백만 원만 절충해 주시면 오늘 바로 가계약금 보낼게요."

중개사 : "1천5백만 원이요? 어휴... 알겠어요, 큰 기대는 하지 마세요~"

초조한 마음으로 기다렸다. 30분이 흐른 뒤 5백만 원 이상은 깎기 힘들 것 같다는 답변을 받았나. 이번 주에만 해당 매물에 대한 문의가 다섯 번 있었고, 그중 세 명이 똑같이 천5백만 원을 깎아달라고 요청했다고 중개사가 말했다.

자유시간 투자자님께 메시지를 드려 자초지종 설명했다.

"5백만 원 정도 깎았다면 계약한다고 하세요!"

자유시간 투자자님은 리모델링이 잘 되어있고, 비용적인 측면과 층수 등이 좋아 매입 후 손볼 곳이 없으니 4억 1천만 원도 좋을 것 같다고 조언해 주었다.

늦은 시간이라 부동산에 바로 연락하지 않고, 다음 날 전화하기로 했다. 다음 날 10시, 중개소에서 먼저 연락이 왔다.

"알아보셨던 매물은 다른 분께서 오늘 계약하셨어요."

너무 아쉬웠지만 통화 중 티를 내고 싶지 않아, 얼마에 계약했냐고 묻자, 내가 구매하려 했던 4억 1천만 원에 계약되었다고 했다. 문의했던 5명 중 한 명이 결국 중개소를 방문하여 계약을 진행한 것이었다.

전화를 끊으려던 찰나, 중개사가 말을 덧붙였다.
"층수도 더 좋고, 괜찮은 매물이 하나 더 있습니다."
심지어 급매로 4억 5백만 원에 나왔고, 아쉬운 점은 리모델링이 되어 있지 않다는 것이었다. 나는 자유시간 투자자님과 메시지를 주고받으며 현재 상황을 전달했다. 일단 조금만 천천히 보고, 더 좋은 매물이 나올 수 있으니 기다려 보자고 했다. 부동산 스터디 오프라인 모임 날 뵙기로 했고, 나는 그날 여쭤볼 내용을 미리 메모해 두었다.

그 아파트, 한번 가 보기라도 하자.

2024년 6월 8일 토요일, 용산에서 부동산 스터디를 함께 한 사람들과 모였다. 현역군인 3명이 카페에 모여 도란도란 이야기를 나누며 서로의 경험을 나누는 시간을 가졌다.

"오늘 오신 김에 보셨던 아파트 임장 가실까요?"

자유시간 투자자님의 갑작스러운 제안에 당황했지만, "저야 가주신다면 너무 감사합니다!"라고 답했다. 그렇게 자유시간 투자자님과 함께 일산신도시로 임장을 떠났다.

6월, 한여름이 시작되는 날씨 속에서 가슴이 두근거렸다. 도파민이 솟구치는 느낌을 받았다. 내가 만약 초등학생이었다면 방방 뛰었을 그런 느낌이었다. 일산으로 향하며 자유시간 투자자님은 해당 아파트 최고 평수 가격이 어떻게 되냐고 물어보셨다.

"현재 20층 중 15층이 전세 4억 안고 매매 5억 4천만 원에 올라와 있어요 "

15초 정도 정적이 흘렀다.

잠깐 고민에 빠진 자유시간투자자님이 말을 꺼냈다.

"현규님! 지금까지 보시던 26평 말고 31평 갭투자로 가시는 게 좋을 것 같은데요? 26평 매물대비 31평 매매 시 매달 지출하시는 금액이 크게 다르지 않아요. 31평 전세를 안고 갭투자하는 게 훨씬 괜찮아 보여요"

지금까지 알아본 아파트 26평을 매수한다면 현금 8천만 원이 필요했다. 추가로 대출 3.5억의 월 상환금액은 월세 130만 원으로 세팅하여 원리금 250만 원 중 120만 원을 매달 지출하는 것으로 계획하였다.

31평을 산다면, 전세 보증금 4억을 인수하므로 1억 4천만 원의 초기 투자금만 있으면 매수할 수 있었다. 주택담보대출도 받을 필요가 없었다. 더군다나 일산은 재건축 이야기가 있었고, 비슷한 금액이라면 추후 재건축 시 대지지분을 고려했을 때 31평이 더욱 괜찮아 보였다.

매매가	4억5백만원
리모델링비용	천7백만원
세금+중개비	약 1천만원(취득세,채권비등)
가용현금	8천만원
필요 대출금	3억5천만원(주택담보대출)
대출 월납입금	250만원-130만원(월세)

<26평, 4억 5백만 원 매수시 자금 계획>

매매가	5억 4천만원
전세 보증금	4억원
세금+중개비	약 1천만원(취득세,채권비등)
가용현금	8천만원
필요 대출금	7천만원(주택담보대출)
대출 월납입금	월 65만원

<31평, 5억 4백만원 매수시 자금 계획>

"와! 자유시간 투자자님 어떻게 운전까지 하시면서 이런 생각을 하셨어요? 전혀 생각하지 못한 접근이었어요!"

나는 속으로 환호했다. 요목조목 비교하여 분석하지 않고 전세금을 안고 산다면 '2년 뒤에 반드시 돌려줘야 할 돈'이라고만 생각했기에 자세히 따져보지는 않았었다.

반대로 세입자를 월세로 세팅했너나면 매달 들어오는 수익에 대해 긍정적으로 생각했던 것 같다. 아파트 가격 상승보다는 매달 나가는 돈을 먼저 계산했기에 이러한 생각을 하게 된 것이었다.

용산에서 빠져나와 일산으로 향하는 강변북로와 자유로를 타고 '일산'이라는 곳에 도착했다. 왕복 8차선 도로와 함께 일산 킨텍스와 대단지 아파트가 우리를 반겼다.

"제가 어렸을 때 일산에서 자랐습니다. 그때보다 더 발전해서 이젠 네비게이션 없이는 못 가겠네요. 여기가 학원가에요."

자유시간 투자자님의 말을 듣고, 일산 최대 학원가를 보니 입이 턱 막혔다. 지방에서 살아온 내게는 왕복 8차선 도로를 따라 늘어선 대형 학원가의 위엄이 인상 깊었다. 사진을 계속 찍으며 감탄했다.

그리고 통화를 나눴던 중개사무소를 찾아갔다. 토요일이라 잠시 외출 중이라는 답변을 받고, 곧 갈테니 26평 매물 먼저 확인하고 계시라는 말에 우리는 곧장 매물로 향했다.
옹기종기 모여있는 동, 모래로 뒤덮인 놀이터 등 아파트 단지의 모습들은 옛날을 떠올리게 했지만 나름대로 관리가 잘 되어 크게 눈살을 찌푸리게 하는 것은 없었다.

매물을 보기 위해 먼저 현관을 통했다. 요즘 같은 아파트 현관 도어락은 없었고, 작은 경사를 통해 엘리베이터까지 쭉 이어진 아파트였다.
그 26평 매물의 내부 상태는 좋지 못했다. 앞뒤 베란다는 곰팡이들이 뒤섞여 있고, 싱크대는 하부가 깨져 있었다. 화장실은 하나였고, 리모델링이 되어 있기는 했지만, 가장 심각한 문제는 앞뒤 베란다 창틀이었다. 알루미늄으로 만들어진 샷시는 도르래 바퀴가 망가져 창문이 제대로 열리지 않았고, 세월의 흔적으로 '끼익-' 하는 소리를 냈다. 우풍도 심했는지, 여기저기 실리콘이 작업이 되어 있었다.

1994년 지어진 이후 한 번도 리모델링을 하지 않았던 것 같았다. 자유시간 투자자님은 리모델링을 해야 월세나 전세를 줄 수 있을 것이니, 중개사님 오시면 물어보자고 말했다. 얼마 지나지 않아, 중개사 사장님이 오셨다.

나 : "중개사님 26평 리모델링하면 보통 얼마 정도 들까요?"
중개사 : "대략 2천만 원은 생각해야 할거에요. 잠깐 있어봐... 내가 리모델링 업체에 전화해 볼게요!"

업체와 통화를 마치신 뒤 중개사님은 말했다.
"리모델링 업자랑 통화해보니 마침 어제 리모델링 작업 끝낸 집이 있다는데, 31평이에요. 가 보실래요?"

바로 그 집으로 이동했다.
"와! 선혀 다른 집인데요? 아까 봤던 집이랑 한 20년은 차이나 보이네요"

나의 말을 들은 자유시간 투자자님은 세입자를 들이게 된다면 무조건 리모델링이 필수라고 했다.
31평의 매력은 충분했다. 차이는 겨우 5평이지만 화장실이 2개 있고 거실과 주방 공간도 훨씬 넓게 느껴졌다. 더 이상 매물을 오래 볼 필요가 없었고, 우리는 곧장 중개소로 향했다.

중개사님과 방금 본 31평 매물에 관해 이야기를 나누었다. 재건축을 대비하여 31평에 대한 건폐율, 대지지분을 확인하였고, 중개사로부터 필요한 답변을 들었다. 해당 매물의 전세 계약도 자신의 중개소를 통해 진행된 물건이라 상황을 잘 안다며, 매도자가 이미 서울에서 집을 계약한 상태라 빠른 매도를 원한다고 설명했다.

자유시간 투자자님과 순간 눈빛을 교환했다.
"31평 매물… 2천만 원 깎은 5억 2천만 원에 해주시면 계약금 바로 보내겠습니다! 부탁드립니다!"

자유시간 투자자님이 나 대신 깔끔히 정리해 주었다. 중개사 사장님은 입을 쭉 내밀며 한숨을 쉬었다.

"노력해 볼게요. 하지만 된다는 보장은 없으니 너무 기대하진 마세요."

그렇게 나의 첫 번째 임장이 끝이 났다. 두 개의 매물을 직접 확인하며 임장을 마치니, 어느덧 3시간이 훌쩍 지나가 있었다. 저녁 6시경, 우리는 인근 식당에서 식사를 하며 담소를 나눴다.

"31평 매물을 2천만 원 깎아주면 바로 구매하시는 게 이득이에요. 이제 시장이 매도자 우위 시장으로 살짝 전환되는 분위기니, 참고하세요."

자유시간 투자자님은 진심으로 나를 걱정하고, 도움을 주고 계셨다. 그는 하나부터 열까지 알려주는 것도 모자라, 본인의 차로 용산에서 일산, 그리고 다시 일산에서 용산까지 운전해 주시며 임장까지 함께 가주셨다. 난 그분께 해드린 게 없었다. 그저 스터디의 일원으로서 열심히 배우는 것이 전부였다.

그렇게 긴 하루가 끝났다.
이 첫 임장은, 내 생애 첫 부동산 계약으로 이어졌다.

일산 31평 아파트, 2천만 원으로 샀다.

임장이 끝난 후, 중개사로부터 연락이 왔다. 5억 3천5백만 원 이하는 절대 안 된다는 매도자의 완강한 입장이 전해졌다.

나는 고민해 보겠다고 답했다. 그러자 중개사 사장님은 더 이상 해당 매물에 대해 언급하지 않고, 다른 매물 5개 이상을 소개해 주었다. 하지만 가격 조율 중인 매물 외에는 관심이 없다고 답변했고, 중개사 사장님은 조금 더 깎아보겠다고 말씀하시며 통화를 마무리했다.

중개사로부터 다시 전화가 와서는 "5억 3,500만 원 이하로 깎으면 계약하시겠어요?"라며 내게 물었다.

"5억 3,250만 원이라면 계약금 바로 입금할게요."

이 모든 협상 과정은 자유시간 투자자님과 실시간 공유했다.

중개사 : "매도인에게 매수인의 입장과 직업군인 신분에 대해 많이 어필했어요. 5억 3,250만 원에 계약하시겠다고 하네요!"

매매가	5억 3,250만원
계약금	5,000만원
전세 승계	4억 원
잔금	8,250만 원

<아파트 매매 계약 요약>

소리를 질렀다. 너무 기뻐서 더 이상 할 말이 없었다. 크고 작은 밀당 끝에, 나는 5억 3,250만 원에 가계약을 체결했다.
중개사 측은 가계약 성립과 앞으로의 계약 내용에 대해 양측에 문자로 통보해 주었다. 중개사님은 1962년생이었는데, 일 처리가 놀

라울 정도로 빠르고 상황 판단 능력이 뛰어나셨다. 특히, 매수자와 매도자를 적절하게 간지럽혀 계약을 성사 시키는 스킬은 정말 대단했다.

일사천리로 진행이 되고 있었다. 내가 원하는 그림대로 이루어져 만족했다. 이제는 자금을 어떻게 마련할 지 구체적으로 계획해야했다. 아래는 내가 계획했던 현금+대출자금 운용 계획이다.

매매 / 전세 가격	5억 3,250만 / 4억
필요 자금	1억 3,250만원
직장인 신용 대출	8,000만 원
군 생활안정자금	3,200만 원
현 보유 현금	2,050만 원

<자금 운영 계획>

신용대출에 대한 금리는 5.15%로 원리금은 86만 원이었고, 생활 안정 자금에 대한 금리는 4.94%로 이자는 13만 원이었다. 둘을 합치면 매달 내는 돈은 99만 원이었다. 금리가 워낙 높았을 때라 앞으로 금리는 내려갈 일밖에 없기에, 이 돈도 줄어들 일만 남았다.

그전까지 매달 200만 원을 적금하고 있었다. 적금을 100만 원으로 줄이고, 대출 원리금을 매달 100만 원 상환하는 계획으로 아파트를 매수 할 수 있었다. 대출 상환하는 돈은 어차피 내 아파트에 100만 원씩 적금하는 것이다.

이후의 과정은 순차적으로 막힘없이 진행되었다. 중개비와 취득세를 포함한 부대비용으로 9백만 원이 추가 지출되었지만, 이미 예상했던 비용이었기에 전혀 문제 되지 않았다.

자유시간 투자자님께서는 전세 승계 받아 다시 전세입자를 구하는 중개비를 아낀 것에 대해 칭찬하시면서, 1994년 지어진 이 아파트가 단 한 번도 주인이 바뀌지 않았으니, 집 관리 역시 상당히 잘 되어 있을 가능성이 높겠다고 말씀하셨다.

이렇게 우여곡절 수도권 아파트 매매가 끝이 났다.
리치비님을 알고, 리치군인 카페에 가입한 지 6개월. '꼭 산다 부동산 스터디'를 참여한 지 3개월 만에 등기부등본에 내 이름이 찍혔다. 35년을 살아오며 쌓아온 고정관념과 지식이 단 6개월 만에 완전히 바뀌었다. 아파트 구매는 50대쯤이나 가능할 줄 알았던 내가 교육을 통해 단 3개월 만에 매수를 실현했다.

부동산 계약서를 집에서 가장 잘 보이는 곳에 두었다. 언제든 볼 수 있게, 언제든 생각나게, 그래서 그 감정을 잊지 않도록 하기 위해서다. 그날, 가족이 차려준 따뜻한 밥과 함께 약간의 반주를 하고, 안방 화장실로 들어가 울었다. 몇 년 전 흘렸던 눈물은 억울함의 눈물이었지만, 이번 눈물은 기쁨에 찬 환희의 눈물이었다.

지금까지 단 하나도 과장 없이 그대로 이야기를 썼다. 과거의 나, 그때의 감정, 있었던 일들, 재정 상태까지 모두 한 치의 거짓 없이 기록했다. 가족이 이 글을 보면 화를 낼 수도 있지만, 독자분들에게 공감을 얻고 싶다.

누군가를 가르칠 처지가 아니지만, 그저 '실천'하라고 말씀드리고 싶다. '에이 이건 이래서 안 돼', '이걸 지금 어떻게 해?', '저건 저 사람의 일이고, 나와는 상황이 달라!'와 같은 현실을 외면하고 도피하는 말을 많이 들어봤을 것이다. 과거의 내가 가장 많이 했던 말들이기도 하다.

리치 군인 카페를 통해 '드림벙커 멘토링' 프로그램에 참여했다. 나는 운이 좋게 선발되어 10주간의 교육을 받았고, 교육을 통해 나는 다른 사람이 되었다.

단 한 권의 책도 읽지 않던 내가, 교육 참여 후 하루에 한 번은 전자책 읽고 있고, 내가 싫어하는 것과 좋아하는 것을 80% 이상 구분하고 있다.

특히 '본질'이 무엇인지 파악하여 업무상 상급자의 대화 시 상급자가 무엇을 요구하는지 단번에 알아차린다.

리치비님의 교육은 내가 어떻게 살아야 하는지 알려주는, 경험에서 나온 답안지이자 '맵핵'이다.

나는 지금의 내가 너무 좋다. 과거의 나는 정말 별 볼 일 없었다. 하지만 지금은 활기차게 시간을 보내며 정신적, 육체적 건강함을 되찾았다.

제 4 장

나는 주식의 주인이다.

주식 투자에 대해 나쁜 관념이 있다. 주식은 도박이라는 것이다. 주식 투자로 세계 부호가 된 워런 버핏은 어떤가? 그는 도박처럼 주식에 투자하지 않는다. 주식이 도박이 아니라, 주식을 도박처럼 투기하는 사람이 문제다. 우리는 경험 끝에 주식은 도박이 아니라는 사실을 알게 되었다.

네이버 카페 리치군인
함께 하는 재테크 스터디
#자본주의 #독서 #부동산 #경매 #짠테크 #주식 #이커머스

24살, 1억 만들기 성공

이광희

작가 소개
이광희
재테크와 정보보안에 관심이 많은 청년입니다.
보안 공부와 재테크 공부를 통해 지속 가능한 자산 성장을 추구하고 있습니다.
행복한 부자가 되는 것이 목표입니다.

솔직히 군인보다 부자가 되고 싶었다

나는 군인보다 부자가 되고 싶었다. 자본주의 사회에서 '돈'은 매우 중요한 도구이다. 누구나 부자가 되고 싶다는 '욕망'이 있을 것이다. 돈이 행복을 보장해 주지는 않지만, 불행을 피할 수 있도록 도와주는 것은 사실이다.

평범하게 살다 죽는 것이 무엇보다도 싫었다. 하루라도 젊을 때 좋은 집을 사고 비싼 페라리를 몰고 싶었다. 부모님과 여유롭게 해외여행을 다니며 돈을 펑펑 써보고 싶었다. 어쩌면 자본주의 사회에서 그 누구보다도 빠르게 부자로 성공하고 싶었던 것 같다. 그래서 남들보다 일찍이 돈을 모으는 것에 집착했다.

20살에 처음으로 주식투자를 시작했다. 코로나 시절 마스크 관련 주식을 샀는데, 처음으로 5만 원을 벌었다. 클릭 몇 번으로 돈이 생겼다. 머릿속에서 도파민이 생겼고, 기분이 좋아졌다.

그런데 시간이 지날수록 뭔지 모를 지루함이 느껴졌다. 도파민 역치가 올라간 걸까? 적은 자산으로부터 나오는 수익에 나의 뇌는 금방 지루해했다. 3만 원, 5만 원 단위로 잔돈처럼 사고팔려니 속이 근질거렸다. 더 빨리 더 많은 돈을 벌고 싶었다.

그러던 중 친구한테 소개받아 '코인'이라는 걸 알게 됐다. 2020~2021년, 우리나라의 '코인' 투기 열풍은 매우 뜨거웠다. 불과 하루 만에 두세 배까지도 올라가는 것을 보고, 나는 기회라고 생각했다. 첫 거래는 'OOO' 거래소(거래소 명을 직접 언급하지는 않겠다.)에서 '에어드랍'이라는 이벤트로부터 시작되었다. '에어드랍' 이벤트로 거래소에 상장하는 코인을 공짜로 받았고, 그렇게 공짜로 받은 코인을 상장된 다음 팔기만 해도 30만 원은 족히 받을 수 있었다.

당시 내게 30만 원은 큰돈이었다. 나는 쉽게 벌리는 돈을 보고 나사가 하나 빠졌다. 이벤트만 하고 나갈 생각이었는데 어느 순간 이상한 쓰레기 코인들을 사고파는 투기꾼이 되어있었다. '이더리움', '리플'과 같이 메이저 알트코인이 아니었다. 정말 그 거래소에서만 상장이 되어있는 일명 '잡코인'을 사고팔았다. 200만 원 이상의 피 같은 돈을 넣고, 이른바 '돈 따먹기'를 하고 있었다.

처음에는 사놓은 코인이 금방 올라갔다. 1주일 만에 200만 원이 400만 원으로 불어났다. 액수의 단위가 달라졌다. 하루아침에 부자가 되는 상상을 하며 약 3개월 정도 지속했다.

그러나 3개월 뒤, 그 400만 원은 50만 원이 되어있었다. 한순간에 폭락하는 차트를 보니 속이 울렁거렸다. 결국 허탈한 마음으로 남은 돈이라도 건지려고 모두 출금해 버렸다. 이후 그 거래소는 폐쇄되었다. 물론 그 거래소에 상장되어 있던 이상한 코인들은 모두 사라져 버렸다. 당시 한국 코인 거래소 순위권에 들 정도로 많은 이용자 수를 보유했던 곳이었는데, 그렇게 사라지는 모습을 보며 허탈함과 동시에 일찍 돈을 뺐다는 것에 대한 안도감을 느꼈다. 그러나 내 뇌는 이미 '도파민'에 중독되어 버린 상태였다.

도파민 중독자

'도파민'에 중독된 나의 뇌는 더 강한 자극을 요구했다. 강한 자극을 찾다가 악마가 안내하는 길로 들어서게 된다. 그것은 바로 선물거래였다. 코인 선물거래에 대해 다들 한 번 쯤 들어봤을 것이다.

단돈 몇백만 원으로 시작해 수십억을 벌었다는 이야기가 SNS를 통해 심심찮게 들려온다.

나 또한, 그런 이야기에 혹해 선물 거래를 시작했다. 국내 거래소에서는 선물거래를 지원하지 않았다. 그래서 해외거래소로 코인을 옮겨 선물 거래라는 것을 해보았다. 선물 거래에는 레버리지 배율이라는 개념이 존재한다. 레버리지 배율을 높게 설정할수록 수익이 날 때 더 큰 돈을 벌 수 있지만, 손실에 대한 리스크 역시 그만큼 증가한다.

처음에는 누구나 그렇듯이 돈을 벌었다. 300만 원이 불과 1주일 만에 1,000만 원이 되었다. 마치 투자의 귀재가 된 것 같은 기분이 들었다. 유튜브에서 나오는 몇백만 원으로 몇십억을 번 사람이 나도 될 수 있을 것 같다는 착각이 들었다. 돈이 벌릴수록 욕심은 커졌고, 더 높은 배율의 레버리지를 사용하기 시작했다.

하루 종일 시간이 날 때마다 휴대폰을 열어 차트를 확인했다. 고배율의 레버리지를 사용하면 계좌 잔고가 1초 단위로 크게 변동한다. 공부할 때도, 운동할 때도, 친구들을 만날 때도 틈만 나면 차트를 봤다. 당연히 일상생활에 대한 집중력은 점점 떨어졌다. 더 큰 문제는 '도파민'의 제어가 어려워진다는 점이었다. 레버리지를 통한 선물 거래로 인해 도파민 역치가 비정상적으로 높아졌고, 이는 일상생활에 큰 영향을 주었다. 당시에는 뭘 하더라도 선물거래 할 때만큼 즐겁지 않았다.

그렇게 두 달 정도 고배율 선물거래에 중독되어 폐인처럼 살았다. 그리고 슬프게도 투자한 모든 돈을 청산당했다. 선물거래에서 '청산'은 모든 돈을 잃었다는 것을 의미한다. 스스로가 병신 같았다. 아니 병신이 맞았다. 확고한 원칙 하나 없이 도파민이 시키는 대로 도박을 하고 있었다. '청산' 되었다는 영어로 된 이메일이 날아올 때 가슴이 철렁 내려앉는 느낌이었다. 느껴지는 허탈감은 말로 표현하기 힘들다.

선물거래로 두 달 치에 가까운 생활비를 모두 잃었다. 적금 통장에는 돈이 제법 쌓여 있었지만, 수중에 당장 사용할 수 있는 현금이 없었다. 하지만 적금마저 깨버리기는 싫었다. 어쩔 수 없이 이 악물고 한 달 예산으로 세 달을 버텨야 했다. 뿌린 대로 거두는 시기였다. 돈을 최대한 절약하며 살았다. 2시간 거리라도 걸어 다녔고, 비교적 가격이 저렴한 학식을 먹으며 지출을 아꼈다.

내 잘못된 선택에 대한 벌을 받는다고 생각하며 버텼다. 글로 다 표현할 수는 없지만, 정말 처절한 시기였다. 그래도 이때 당시에 잘못된 행동의 결과를 남의 도움 없이 스스로 감당하며 버텨낸 것은 정말 잘한 선택이었다.

종잣돈을 만들자

도박성 투기로 날린 돈은 약 600만 원 정도였다. 다행히도 저축은 깨지 않았다. 이른 나이에 잘한 점도 있었다. 나는 종잣돈을 모으는 습관을 일찍 들였다. 지금 생각해 보면, 이런 습관을 하루라도 빨리 들인 것은 정말 잘한 선택이었다.

나의 소비패턴은 단순했다. 장점이라고 말할 수 있을지는 모르겠으나, '물건에 대한 욕심'이 크지 않은 편이었다. 대부분 지출은 식비 또는 강의, 운동, 독서 등 자기계발을 위한 것이었다. '휴대폰', '노트북', '의류' 등에 대한 소모 제품에 대한 지출은 최소한으로 줄이려고 노력했다. 그래서 또래들에 비해 상대적으로 지출이 적은 편이었고, 더욱더 돈을 모으기가 쉬웠다.

대학에서는 4년 동안 군 장학금을 받았기 때문에 학비 부담은 없었다. 또한, 학업에도 꾸준히 신경 써서 노력하는 편에 속했다. 그 결과, 매 학기 성적 장학금을 받았고, 과외를 통해 제법 많은 돈을 모을 수 있었다.

큰돈이 생겼다고 바로 다 써버리지 않았다. 불필요한 지출을 의식적으로 자제했다. 아무리 '물욕'이 없다고 해도, 돈이 생기면 쓰고 싶은 마음이 드는 것은 어쩔 수 없었다. 그래도 참고 생긴 자금은 곧바로 별도의 저축 통장과 주식계좌에 모았다. 지금 돌이켜 보면, 대학생 시절에 잘한 행동 중 하나는 목돈을 만들어 놓았다는 점이다.

종잣돈의 중요성은 일찍이 알고 있었다. 여러 재테크 관련 책과 영상에서도 종잣돈의 중요성을 강조하고 있었다. 대학생 시절, 이를 의식하며 절제하는 습관을 만들었다. 그 결과, 임관하여 소위가 되었을 무렵에는 약 3천만 원 정도의 종잣돈을 모을 수 있었다. 20대 초반 대학생 시절부터 조금씩이라도 돈을 모으는 습관을 형성하지 않았다면, 1억을 모으기까지는 훨씬 긴 시간이 걸렸을 것이다. 종잣돈을 만드는 것은 '투자'에 있어서 가장 기본적인 요소라고 생각한다.

대학생 시절, 한 번 크게 말아 먹은 경험이 있었다. 잘못된 투기로 많은 돈을 잃었던 과거를 반면교사 삼아, 이후에는 더 신중하게 투자하려고 노력했다. 투자할 자산과 방법 선정에 훨씬 많은 시간을 쏟아부었다.

종잣돈이 어느 정도 모인 뒤에는, 어떤 자산에 투자할 것인지 정해야 했다. 이미 이전부터 한국과 미국 주식에 꾸준히 투자해 왔다. 그러나 여전히 좋은 자산을 선정하는 것은 어려운 문제로 남아 있었다. 지금까지의 수익은 단순히 코로나 이후의 우상향하는 시장에 올라타 얻은 결과일 뿐이었다. 단순한 상승장에서의 수익이 아닌, 안정적인 투자 전략을 세우기 위해 거시적인 시야가 필요했다.

그토록 기다린 우연한 만남

　임관하고 몇 개월은 적응하는데 에너지를 소모하느라 바빴다. 어느 정도 장교 생활이 익숙해지자, 시간은 금방금방 흘러갔다. 그렇게 몇 개월이 지나고 나니, 갑자기 내 삶에 대한 의문이 들기 시작했다.

　퇴근하고 저녁을 먹고 나면 6시가 훌쩍 넘는다. 운동하고 씻고, 개인 공부를 하거나 딴짓을 하다 보면 어느새 잘 시간이다. 반복된 루틴 속에서 문득 "내가 지금 잘살고 있는 것인가?"라는 의문이 들었다. 반복된 일상 속에서 드는 단순한 생각일 수도 있으나, 이번에는 뭔가 달랐다. 무언가 스치듯 몰려오는 불안감에 가슴이 답답했다. 이렇게 살다가는 평생 큰 변화가 생기지 않을 것 같았다. 부자가 되고 싶다는 목표는 점차 옅어지고 있었고, 목적 없이 하루하루를 보내는 것만 같았다.

　그러다 문득 어느 한 글을 보게 되었다. 'RichBee'라는 블로거가 쓴 글이었다. 블로그의 글들을 하나씩 살펴보니, 작성자도 군인의 신분인 것 같았다. 블로그에 기록된 글들을 처음부터 하나씩 열어보았다. 내가 지금껏 만났던 군인 중에 경제와 재테크에 대해 이렇게 명확하게 설명해준 사람은 없었다. 이 블로거가 처음이었다. 퇴근 후 시간 가는 줄 모르고 글을 읽어 나갔다. 어느 글에서 이 블로거의 진솔한 이야기와 함께할 사람들을 찾는다는 내용을 보았다. 늦은 밤, 무엇에 홀린 듯이 나도 함께하고 싶다고 댓글을 남겼다.

얼마 뒤, 화상회의에 들어갔다. 회의는 나처럼 무언가 변화를 원해서 모인 사람들로 가득했다. 함께 'RichBee'라는 블로거의 이야기를 들었다. 노션이라는 Tool로 진행된 회의는 제법 늦은 시간까지 진행되었다. 서로 자기소개를 하고 나서, RichBee님의 '경제적 자유', '자신의 목표'에 대한 이야기를 홀린 듯이 들었다.

그리고 어느새 나는 서울에서 진행하는 첫 대면 모임을 가기 위해 토요일 이른 아침 KTX 기차에 몸을 싣고 있었다. 기차 안에서도 오전히 "내가 지금 뭐 하는 걸까?"라는 생각이 계속 들었다.

미팅룸 안에서 진행된 리치비님의 이야기는 과거 이야기부터 미래의 목표까지 솔직하고 담백했다. 무엇보다 자신의 확고한 목표와 꿈을 향해 노력하는 모습이 너무 멋있었다. 내 주변 또래 중에서도 쉽게 찾지 못하는 열정을 보유한 사람들을 만나게 된 시간이었다.

새로운 사람들과 만나고 나서, 일상의 많은 것이 바뀌었다. 우선 첫 번째로 책을 정말 많이 읽게 되었다. 학생 시절부터 책을 안 읽던 것은 아니었으나, 이 시간만큼 집중해서 많은 책을 읽었던 적은 없었던 것 같다. 이때만큼은 일주일에 2~3권씩 읽는 것을 기본으로 책을 달고 살았다.

나의 관심은 종잣돈을 투자할 자산을 선정하는 것에 집중되어 있었다. 그래서 리치군인 사람들이 공통적으로 추천한 경제, 재테크 관련 책들을 중점적으로 읽었다. 다음은 내가 읽었던 책 중 가장 큰 영향을 준 책들의 목록이다.

『부자의 그릇』, 이즈미 마사토 | 다산북스
『부자 아빠 가난한 아빠』, 로버트 기요사키 | 민음인
『돈의 속성』, 김승호 | 스노우폭스북스
『돈, 뜨겁게 사랑하고 차갑게 다루어라』, 앙드레 코스톨라니 | 미래의창
『부동산 경매 무작정 따라하기』, 이현정 | 길벗
『재테크 거지』, 박재석 | 온짱
『레버리지』, 다산북스 | 롭 무어
『더 그레이트 비트코인』, 거인의 정원 | 오태민
『EBS, 자본주의』, EBS 자본주의 제작팀 | 가나출판사
『군인은 어떻게 부자가 될 수 있을까』, Rich Bee

후회 없는 선택을 위해 정말 다양한 책들을 접하였다. 『부자의 그릇』, 『돈의 속성』처럼 돈을 다루기 위한 대한 기초적인 내용의 책부터 시작하여 『더 그레이트 비트코인』, 『부동산 경매 무작정 따라하기』, 『레버리지』, 『재테크 거지』등 '부자'에 가까워지기 위한 수단을 제공하는 책들을 시간이 날 때마다 열어보았다.

물론, 단순히 독서를 많이 하는 것이 해결책은 아니다. 그래서 독서량에만 매몰되지 않기 위해, 책을 읽고 생각을 정리하며 내실 있

는 독서를 하기 위해 노력하였다.

　독서를 마친 후에는 노트에 따로 생각을 정리하며, 인상 깊었던 부분은 그대로 옮겨 적었다. 특정 부분은 여러 번 읽으며 내 것으로 만들어 갔다. 내실 있는 독서를 할수록, 책에는 훔쳐 나의 무기로 만들 수 있는 것들이 정말 많았다. 덕분에 경영·경제 분야에 대한 전반적인 지식은 물론, 어떤 자산에 투자할지 결정하는 것에 대한 기준이 조금씩 잡히기 시작했다.

젊음의 가장 큰 장점은 시간

　나는 24살이다. 젊다. 이것이 가장 큰 무기라는 것을 깨달았다. 함께 '돈'과 '자본주의'에 관해 공부했다. 새로운 것을 배우면 배울수록 나의 부족함이 보였고, 다시 이 부족함을 채우기 위해 노력했다. 예금과 적금, 군인공제회에 아무리 많은 돈을 저축하더라도 나는 결코 부자가 될 수 없다. 이러한 방법들로는 인플레이션을 따라갈 수는 없기에, 날 부자로 만들어줄 수 없다. 돈의 가치는 나날이 떨어진다. 인플레이션을 고려했을 때, 본질적으로 우상향하며 자산을 증식시킬 수 있는 올바른 자산을 선택하는 것이 중요하다.

과거 대출은 무조건 좋지 않다고 생각했다. '이자'라는 것도 부담이 되었고, 대출로 인해 망했다는 소리를 주변에서 하도 많이 들어 거부감을 가지고 있었다. 리치비님이 작성한 '부자군인 설계도'에서는 대출에 대한 새로운 관점을 제시한다. 대출은 자신이 감당할 수 있는 수준에서 사용하면 정말 좋은 레버리지 수단이 될 수 있다. 대출이란 적은 비용(이자)으로 미래 나의 시간을 끌어다가 사용하는 '치트키'였다. 이를 전략적으로 활용해 자산에 투자한다면 그것은 정말 좋은 타임머신이 되는 것이었다.

미국 주식, 특히 지수 추종 레버리지 ETF에 대한 이해도 많이 깊어졌다. 현안도 많이 배웠다. 미국의 약 6,700여 개 기업 중 상위 500개 기업을 선정한 S&P500 지수를 따라가는 ETF 상품은 훌륭한 자산이었다. 패권 국가인 미국의 성장에 투자하는 것만으로도 저절로 성장하는 인플레이션을 따라갈 수 있게 된다.

내가 앞서 했던 자산 선정에 대한 고민이 명쾌하게 풀리는 시간이었다. 이렇게 배우고 바뀌면서 매달 군인공제회로 저축하던 금액들을 미국 주식 계좌로 자동 이체되도록 설정을 변경하였다.

이후 나는 현재의 가격이 얼마든 관계없이, 매달 정해놓은 금액만큼은 무조건 지수 추종 ETF를 구매한다. 떨어지면 오히려 좋았다. 이를 대비해 매달 모아놓은 현금 비중이 있기 때문이다. 떨어지면 더 사기만 하면 되었다. 매달 정해진 루틴처럼 월급이 들어오면 그 금액만큼 자산을 구매한다. 이상한 주식과 코인에 투기하던 시기에 비하면 차트를 보는 시간은 손에 꼽을 정도이다. 스스로 투자한 자산에 대한 확신이 생겼기 때문이다. 남는 시간은 나의 업무에 대한 전문성 향상에 전념하며 개인적인 꿈을 향해 달려가는 시간으로 투자하고 있다.

조금씩이지만 변화는 계속해서 찾아왔다. 현금 흐름을 통제하며, 올바른 자산에 주기적으로 투자하며 배움을 멈추지 않았다. 그러자 나의 자산은 조금씩이지만 계속해서 상승해 나갔다. 3천만 원 정도에서 시작한 종잣돈은 5천만 원이 되었고, 5천만 원은 7천만 원, 7천만 원은 어느새 1억이라는 종잣돈으로 불어나 있었다. 그때 내 나이는 24살이었다.

과거보다 삶의 여유도 생겼고, 돈이 더 생기면 대출이라는 타임머신을 활용해 좋은 입지의 아파트 매매까지 해보고 싶다는 생각이 든다. 적은 돈으로 부동산을 매입하는 방법에 관심이 생기니, 저절로 '경매'에 관해 공부하게 되었다. 한동안은 알라딘 중고서점에서 경매 관련된 책들을 구입해 책을 옆에 달고 다녔다. 리치군인 카페에서 '자유시간 투자자'님이 진행하는 10주간의 '부동산 경매 투자' 같은 스터디에도 적극적으로 참여하기도 했다.

괜찮은 부동산 입지 선정 방법과 모의 입찰을 통한 연습까지 진행하며, 현재까지도 계속해서 매주 2번씩은 부동산 앱과 경매 사이트에 들어가서 내가 관심 있는 지역에 어떤 매물이 올라오는지 확인하고 있다. 배움을 통한 성장이 조금씩이지만 확실한 변화를 만들고 있다. 잘못된 투기로 돈을 잃기만 하던 과거와는 많이 달라졌다. 어느새 나는 올바른 방향으로 원하는 기회가 왔을 때, 그 기회를 잡기 위해 노력하는 청년으로 뒤바뀌어져 있었다.

나와 같은 처지의 사회초년생, 초급 간부들은 중·장년층에 비해 소득이 많이 적다. 대부분 20대 초반의 사회초년생들이 월 200만 원 초반에서 300만 원 정도의 소득을 받고 있을 것이다.

그러나 한 가지 우세한 점이 있다고 생각한다. 바로 '젊음'으로부터 나오는 '시간'이다. '시간'은 우리가 생각하는 것 이상으로 투자에 있어서 큰 위력을 발휘한다. 좋은 자산을 긴 시간 오래 투자하면 할수록 부자로의 여정에서 한 발자국 더 가까워질 수 있다.

좋은 자산에 일찍이 장기 투자를 시작한다면, 그 자산은 시간이 지나 상상하는 것 이상으로 불어나 있을 것이다. 현재 보유하고 있는 자산의 가치가 어느새 1억이라는 숫자를 돌파하였다. 개인적으로 정말 의미 있는 숫자라고 생각한다.

일찍이 씨를 올바르게 심는 법을 배웠고, 이제 싹이 트기 시작했다. 그것이 커다란 나무로 성장할 수 있을 것이라 확신한다.

주식 시장에서 이기는 방법

황상우

작가 소개

황상우

공사 60기, 현역 공군 조종사,
2020년부터 미국주식 투자 입문

결혼을 하며 미국주식에 눈을 뜬 초보 투자자입니다.
사랑하는 아이들을 위해 부자가 되기로 결심했습니다.
용돈벌이 투자가 아닌 인생을 바꿀 투자성과를 얻기
위해 노력 중입니다.

13년의 군 생활, 후회하는 세 가지

첫째, 군인은 돈을 가까이하면 안 된다고 생각했다

나는 "군인이 너무 돈을 밝히면 안 돼!"라는 생각으로 돈 공부를 멀리했었다. 군인이 재산이 너무 많아 세상에 대한 미련이 크다면, 국가를 위해 목숨을 바치기 쉽지 않을 것이라는 생각 때문이었다. 돈 얘기를 꺼내는 사람은 속물 같아 보인다는 생각도 나를 돈과 멀어지게 했다. 사관학교 교육을 받으며 군인화가 너무 잘 되어버린 나머지, 나는 세상 물정 모르고 명예만을 추구하는 군인이 되어버렸다.

둘째, 아파트 가격이 영원히 그대로일 줄 알았다

내가 임관한 2012년에는 서울 아파트값이 5~6억밖에 되지 않았다. 군 생활을 하며 월급만 열심히 모아도 전역할 때 서울에 집 하나는 살 수 있겠다는 믿음이 있었다. 그래서 군인공제회와 군인 적금만을 믿으며 군 생활에 임했다. 먼 훗날 전역할 때까지 서울 집값이 5~6억 원에 머물러 있을 거라 생각했다니, 지금 와서 돌아보면 정말 순진했다.

셋째, 결혼을 더 빨리 했어야 했다

예상과 달리 서울 집값은 미친 듯이 올랐다. 그 와중에 사랑하는 사람을 만나 결혼을 준비했다. 결혼을 앞두고 나름 진지하게 미래를 구상해보니, 지금까지 해 온 것처럼 군인공제회만으로 돈을 모은다면 가족에게 행복한 환경을 제공하기에 턱없이 부족하다는 결론에 이르렀다.

진작부터 시간을 갖고 깊이 생각했다면 더 많은 돈이 필요하다는 사실을 알았을 텐데, 결혼이라는 현실을 마주하기 전까지는 돈에 대해 깊게 고민해 본 적이 없었다.

제대로 된 경제교육을 받았다면 다가올 미래를 더 제대로 대비할 수 있지 않았을까 하는 아쉬운 마음이 들었다. 내게 돈에 대해 제대로 된 조언을 해 준 사람도 없었다. 주변의 군인들은 모두 나와 비슷하게 살고 있었으니까.

내 인생의 전환점 : 결혼

나는 결혼을 계기로 다시 태어났다. 결혼 전 나는 군인을 천직으로 생각했다. 부여받은 보직도 적성에 맞았고, 보수도 만족스러웠다.

군인으로서 자부심도 강했고, 부대원들과의 관계도 끈끈했으며, 특히 해외에서 실시한 연합훈련은 정말 즐겁고 특별한 경험이었다. 나에게 군 생활은 신나는 일 투성이었다.

하지만 결혼하고 나니, 장점으로 느껴졌던 군 생활의 특성들이 단점으로 180도 바뀌었다. 특히 절감한 것은 다양한 지역에서 자유롭게 근무하며 많은 경험을 할 수 있다는 장점이 주거 불안정이라는 단점으로 변해버린 것이었다.

예쁜 아이가 태어나고 나니, 이곳저곳을 옮겨 다니는 생활이 정말 불편했다. 군무원인 아내도 근무지 이전이 쉽지 않았기에, 이대로라면 주말부부가 되는 것은 기정사실이었다. 어린아이를 아내와 둘만 남겨둘 수 없었다. 예쁜 아이가 자라나는 모습을 하루도 놓치지 않고 곁에서 지켜보고 싶었다.
이 문제를 해결하기 위해서는 안정적인 주거환경을 마련해야 했고, 좋은 곳에 내 집을 마련하려니 자연스럽게 많은 돈이 필요하다는 사실을 절실히 깨달았다.
가족이 생기니 집 장만뿐만 아니라 돈 들어갈 일이 많아졌다. 아이가 좋은 교육을 받고, 맛있는 음식을 먹으며, 안전한 곳에 살 수 있도록 하고 싶었다. 이를 위해 필요한 것은 역시 돈이었다. 이러한 이유로 나는 결혼을 앞두고 본격적으로 돈에 관한 공부를 시작하게 되었다.

내가 결혼한 해의 서울 집값은 임관했을 때와 비교하면 천정부지로 솟아 있었고, 기존의 생활 방식대로 지낸다면 전역할 때까지도 서울에 집을 마련하는 것은 불가능했다. 집조차 마련할 수 없는 상황에서 가족에게 좋은 환경을 제공한다는 것은 어불성설이었다. 조금만 더 앞날을 깊이 고민했다면 많은 돈이 필요하다는 사실을 알았을 텐데, 그러지 못했다. 봉급은 혼자 생활하기엔 충분했기 때문에, 가족을 꾸리기 전까지는 미래에 대해 깊이 생각할 필요성을 느끼지 못했다.

가족은 열심히 살아야 할 가장 큰 동기부여가 되었다. 사랑하는 아내와 아이를 생각하니 자연스럽게 더욱 열심히 살 수밖에 없었다. 보다 큰돈을 모아야 한다는 절박함이 나의 경제적 안목을 넓혀 주었다. 한 살이라도 어릴 때 투자와 경제관념을 갖추는 것이 엄청난 자산이라는 것을 깨닫고 나니, 결혼을 늦게 한 것이 후회되었다. 아내와 연애만 4년을 했는데, 연애 기간을 조금 줄이고 결혼을 더 빨리했더라면 경제적으로 더 이로웠을 것이다.

하지만 아내와 이야기를 나눠 보니, 아내는 나와의 늦은 결혼을 후회하지 않았다. 결혼 전에 해보고 싶던 것을 다 해봤기 때문에, 결혼 후에는 가정에만 충실할 수 있었다고 한다.

아내와 경제관념이 맞아서 결혼을 결심한 것은 아니었다. 조건을 따지지 않고 서로 사랑하는 마음만으로 결혼했지만, 다행히도 결혼 후 아내는 나의 경제적 결정을 잘 따라주었다.

월급은 한 통장으로 관리하고 우리 집은 주식 투자로 재산을 불리겠다는 나의 결정에 아내는 늘 지원하고 응원해 주었다. 나 혼자 아무리 노력해도 배우자가 공감하고 동참하지 않았다면 절대로 큰돈을 모을 수 없었을 것이다. 혼자 아끼고 노력하더라도 배우자의 씀씀이나 경제관념이 크게 다르면 돈은 모두 새어 나갔을 것이다.

물론 아내와 갈등도 있었다.
시간 날 때마다 투자 서적을 읽는 나에게 아내는 육아서적도 읽으라며 아이에게 더 많은 관심을 가지길 바랐지만, 나는 아내의 기대에 미치지 못했다. 솔직히 지금도 육아에 관한 책을 많이 읽지는 않는다. 하지만 아이와 아내가 아빠와 남편을 찾을 때 꼭 곁에 있어 줄 수 있는 아빠이자 남편이 되기 위해 노력하고 있다.

가족보다 돈을 우선하게 되는 것을 늘 경계한다.
큰돈을 원하는 이유가 가족의 행복을 위해서라는 사실을 늘 상기하기 위해 나는 내 방 화이트보드에 "가족을 매일 더욱 사랑하자"라는 문구를 적어 놓고, 그것을 매일 본다. 돈 때문에 가족과의 시간이 줄어들거나, 미래를 위한다는 대의로 오늘의 가족과의 행복을 등한시하는 등 주객이 전도되는 상황이 발생하지 않도록 늘 경계하며 살고 있다.

나의 투자 선생님 : 독서

　　결혼을 앞두고 있던 2020년은 코로나19로 인해 폭락했던 증시가 급등하며 모두가 투자 얘기를 할 때였다. 내가 투자를 마음먹게 된 이유도 주변 사람들 모두가 투자를 얘기하고 있었기 때문일 것이다. 나는 투자 세계에 입문을 결심 후 기본서로 삼을 책부터 찾기 시작했다.

　　부동산, 가상화폐, 주식 등 여러 투자 분야에 관해 공부했다. 신혼여행을 가서도 투자 관련 책을 틈나는 대로 읽을 정도였다. 이처럼 결혼은 책과는 담을 쌓고 살던 내가 책을 끼고 살 정도로 나를 바꿔 놓았다. 투자 대상들에 관해 공부해 보니, 각 투자 자산별로 장단점이 명확했다.

　　부동산 공부를 했지만, 매력을 느끼지 못했다.
　　부동산은 누구나 구입해야 하는 필수재이며, 가격이 꾸준히 우상향해 온 안정적인 자산이라는 장점이 있었지만 나는 부동산 투자에 크게 끌리지 않았다.

　　아파트를 구매하게 된다면, 내 성향상 적당한 수준의 아파트를 선택하기보다는 최대한 대출을 활용해 내가 살 수 있는 최고의 아파트를 사게 될 가능성이 컸다. 그러나 내가 가진 모든 돈을 부동산이라는 자산 하나에만 집중하기 싫었고, 월수입의 상당 부분이 이자 상환에 들어가는 것도 내키지 않았다.

게다가 인터넷 어디선가 봤던 '부동산 부자는 삶의 질이 크게 오르지 않지만, 주식 부자는 그렇지 않다' 라는 말 때문에 이미 주식 투자에 끌렸던 것 같다. 내 목표는 가족과의 행복이기 때문에 빚을 갚느라 생활이 팍팍해지는 것은 원치 않았다. 또한, 부동산은 현금화가 쉽지 않다는 단점도 매력적으로 다가오지 않았고, 세입자를 관리하는 것도 번거로울 것 같았다.

비트코인이란 단어를 2017년에 처음 들었다. 동료들 사이에서 코인 투자 열풍이 일었는데, 당시 나는 투자는 위험한 것으로 생각했던 사람이었기에 부동산도 아닌 코인 투자는 엄두도 못 냈다.

결혼을 앞두고 투자에 눈을 뜨면서 비트코인에 관해 공부해 보니, 비트코인 투자자들은 코인이 미래에 실물화폐의 위상을 갖게 될 것이라는 기대 속에서 투자한다는 것을 알게 되었다. 잘 되어봤자 미래에 달러를 대신하는 역할을 하게 될 것이라는 뜻이었다. 블록체인이니 뭐네 원리가 워낙 복잡하기도 해서 비트코인에는 투자하지 않기로 했다.

하지만 2024년 최초로 비트코인 ETF가 상장됨에 따라 소액이지만 비트코인에도 투자를 시작했다. 아직도 비트코인의 투자가치에는 크게 확신이 없지만, 전망이 워낙 좋아 소액 투자를 결심했다. 요즘 다시 비트코인을 이해하기 위해 책을 읽는데 역시나 이해하기 어렵다.

결국, 나를 매료시킨 것은 주식이었다.
투자에 전혀 관심 없던 2016년, 근무 중 잠시 휴게실에서 쉬고 있었다. 마침, TV에서는 구글 딥마인드의 알파고와 이세돌의 바둑 대결이 펼쳐지고 있었는데 알파고는 인류 최고의 바둑기사였던 이세돌을 고전케 했고 결국 승리했다.

그때의 기억이 너무나 충격적이어서 아직도 휴게실에서의 그 순간이 생생하게 남아있다. AI의 발전을 전 세계인들과 함께 목격하며, AI가 단순히 책에서만 보던 수준이 아니라 실제 우리 생활에 밀접하게 영향을 미치는 시대가 곧 올 것을 확신할 수 있었다. 그때부터 나는 AI에 투자해야겠다는 생각을 가지게 되었다.

늘 생각만 갖고 있다가 4년이 지나서야 3천만 원어치 주식을 매수했다. 상당한 시간이 흐른 뒤, 결혼을 앞두고서야 첫 주식 투자를 시작한 것이다.

피터 린치의 책을 읽고 그의 가르침대로 알파벳, 마이크로소프트, 엔비디아 등 내가 실제로 사용하고 있으면서, 관심을 두고 좋아하는 분야의 기업에 투자했다. 건실한 기업의 주주가 되어 기업과 관계를 맺는 것이 내가 주식 투자를 선호하는 이유 중 하나다.

주식 투자를 결심하고 가장 먼저 한 일은 유튜브나 인터넷 검색이 아닌 독서였다. 지금 와서 생각해 봐도 정말 잘한 결정이었다. 첫 책으로 선택한 것은 필립 피셔의 '위대한 기업에 투자하라'였다. 오래도록 사랑받는 투자 고전이라 하여 선택했는데, 지금 돌이켜보면 이 책을 주식 투자의 첫 책으로 접한 것은 정말 대단한 행운이었다.

이 책 덕분에 주식 투자에 대해 올바른 인식을 갖게 되었고, 투자에 대한 첫 단추를 제대로 끼울 수 있었다. 지금도 필립 피셔를 내 마음의 스승으로 모시며, 머리가 복잡할 때마다 책장에서 그의 책을 꺼내 펼쳐본다.

그 외에도 피터 린치, 워런 버핏의 저서 등 투자의 고전으로 여겨지는 많은 책을 기본서로 읽으며 실전 투자를 준비했다. 개인적으로 투자를 시작하기 전 해당 분야에 대해 충분히 공부한 후 진입하는 것이 정말 중요하다고 생각하지만, 투자는 하면서 배워나가는 것이라는 의견도 일리가 있다고 생각한다. 내가 비트코인에 소액을 투자했던 것처럼 일단 적은 금액이나마 투자해 놓으면 지속적으로 그 분야에 관심을 두고 공부하게 된다. 하지만 아무리 작은 규모의 투자라도 투자 전 최소한의 공부는 선행되어야 할 것이다.

여러 투자처를 탐색해 보았지만, 내가 처한 상황(장기 투자가 가능한 장기복무 군인), 기질, 그리고 흥미에 부합하는 투자처는 결국 주식이었다. 그리고 나는 이를 스스로 발견했다. 타인의 권유가 아닌, 나의 성향에 적합한 투자처를 스스로 찾았기에 주식 시장에 어떠한 위기가 찾아와도 확신을 가진 채 느긋하게, 시장이 다시 반등할 때까지 기다릴 수 있다.

독서를 거듭한 끝에 내린 군인에게 가장 적합한 주식 투자 방식은 인문학적 소양과 상상력을 바탕으로 한 장기 투자라는 결론을 내렸다. 나는 미래에 AI, 영생, 인간 의식의 전산화, 우주 개척 등의 분야가 폭발적으로 성장할 것이라 확신한다. AI의 등장은 기술 발전 속도를 가속화 할 것이고, 현시점에서 AI를 제외한 분야에 대한 대중의 주목도도 높지 않기에 지금은 아주 좋은 투자 시기라 생각한다. 또한, 기술의 발전을 선도하는 국가는 미국이기 때문에, 나는 오직 미국 기업들에만 투자하고 있다.

주식 차트 분석은 전혀 하지 않는다. 앞으로 어떠한 미래가 펼쳐질지, 어떤 산업이 발전할지 나만의 확실한 비전을 갖고 그 분야의 최고 기업이나 그 산업 전체에 투자 후 성과가 날 때까지 기다릴 뿐이다. 이렇게 단순한 방법으로 주식에 투자한다면, 투자에 많은 시간을 할애하지 않아도 되기 때문에 주식 투자는 바쁜 군인을 위한 최적의 투자처다.

하지만 주식 투자에 있어 나를 계속 신경 쓰이게 하는 것은 주식 시장의 높은 변동성이었다. 독서를 통해 주식 시장의 높은 변동성은 자연스러운 것이라는 진리는 알게 되었다. 하지만 내 전 재산의 80% 이상이 줄어든다고 생각하면, 과연 내 멘탈이 그것을 버틸 수 있을지 나 자신에게 끊임없이 되묻는다. 지속적으로 독서하는 이유 역시 올바른 투자 원칙을 계속해서 상기하며, 변동성이 큰 주식 시장에서 버틸 수 있는 멘탈을 다잡기 위함이다.

변동성을 버티며 주식 시장에 오래 머물기만 하면 결국에는 큰 수익을 창출할 수 있다. 나도 2022년의 조정장을 온몸으로 맞으며 전 재산의 30%가 줄어드는 경험을 했지만, 시장을 떠나지 않고 계속 머문 결과 2024년 말에는 전 재산이 두 배 이상 불어나 있었다.

직업군인은 복무기간이 길다. 나에게는 약 20년의 복무기간이 남아있는데, 이 기간 동안 관사를 적극 활용하며 내 집 마련을 최대한 미루고, 복무기간 중 큰돈이 나갈 일이 없도록 할 예정이다.

직업군인의 가장 큰 장점은 경제 상황과 상관없이 현금흐름을 창출할 수 있다는 점이라고 생각한다. 평소 블라인드, 유튜브 등 온라인 커뮤니티에서 사기업 직장인들의 고민을 유심히 살펴봤는데, 이들이 가장 불안해하는 것은 경기 흐름에 따라 수입이 줄어들거나, 일자리를 잃어 일정한 수입이 보장되지 않는 상황에 처하는 것이었다.

나는 장기복무 군인이기에, 꾸준히 받는 봉급을 활용해 하락한 주식을 계속 매수할 수 있다. 설령 자산이 순간적으로 -80%까지 떨어져도 큰 위협으로 생각할 필요가 없다.

(다만, 전역 직전에 폭락이 오는 것만이 유일한 위험요소이므로, 전역 약 5년 전부터는 현금 및 안전자산의 비중을 확대할 계획이다.)

큰 폭의 하락 후에는 큰 폭의 상승이 오는 것이 주식 시장의 역사였고, 나의 투자 경험에서도 마찬가지였다. 꾸준히 미국 주식 시장의 우량 기업을 매수하며, 장기간 우상향의 파도를 즐기는 것이 나의 전략이다. 그렇게 하다 보면, 장기간의 군 복무를 마칠 때쯤 주식 시장은 엄청난 수익으로 나의 전역을 축하할 것이다.

나는 앞으로도 미국 주식의 우상향에 배팅할 생각이다. 200년의 역사 동안 전쟁, 전염병, 외교 분쟁 등 수많은 위기를 겪으면서도 결국에는 신고가를 갱신하고야 마는 것이 미국의 경제였다. 앞으로도 미국의 패권은 견고할 것이라 믿기에, 역사가 증명한 이 높은 승률에 내 인생을 걸어볼 생각이다.

100권의 책을 읽고 얻은 7가지 원칙

이 7가지 원칙으로 투자시작 4년 만에 5억 원을 만들었다.

실전 투자를 앞두고 100권이 넘는 투자 서적을 읽었는데 책을 읽다 보니 투자의 대가들이 전하는 메시지가 비슷비슷해서 '읽은 책을 또 읽는 건가?' 하는 기분까지 들었다. 많은 시간을 독서 한 끝에 내가 느낀, 투자의 거장들이 공통적으로 이야기하는 7가지 투자의 핵심들을 정리해 보았다.

원칙 1. 원시본능을 이겨내고 자본주의적 사고를 하라

"현생인류가 30만 년 전 처음 등장한 후 인류문명은 급격한 발전을 했지만, 인간의 뇌가 사고하는 방식은 여전히 원시시대에 머물러있다. 현대의 자본주의를 살아가는데 원시시대의 사고방식은 부자가 되기에 전혀 유리하지 않다."

나는 자청의 『역행자』를 읽고, 인간의 몸과 정신은 원시시대 이래로 큰 진화가 없었다는 사실을 깨닫고 큰 충격을 받았다. 지금까지 살아온 삶을 곰곰이 생각해보니 맞는 말이었다. 남들이 하는 대로 행동해야 편안함을 느꼈고, 내일 죽을 수도 있다는 생각에 미래보다는 현재를 더 중시했으며, 환경의 변화를 거부하며 새로운 시도를 하지 않고 기존에 살던 방식으로 살아가려 했다.

이 사실을 깨달은 이후로 나는 대중과 반대로 행동하기 위해 노력하고 있다. 내일 당장 죽을 확률보다는 100살까지 살 확률이 훨씬 높기에, 현재보다는 미래를 중시하게 되었으며, 늘 새로운 도전에 자신을 노출시키기 위해 항상 무언가를 배우기 위해 노력하고 있다.

2022년의 조정장, 2024년 8월의 블랙먼데이 등 대중들이 공포에 주식을 매도할 때마다 나는 싼 가격에 주식을 평소보다 더 많이 주워 담았다. 이러한 급락장에서 매수 후 기다리고 있으면 주가는 늘 금방 회복되었다. 또한, 우리 부부는 맞벌이를 하며 수입의 절반 이상을 투자하고 있다. 오늘의 즐거움을 위해 여행이나 외제차 같은 소비재에 돈을 쓰는 것보다, 주식 등의 자산을 구매하여 우리 가족의 부를 미래로 보내고 있다.

내가 이 글을 쓰는 것도 이전에는 해보지 않았던 도전의 일환이다. 이 글을 쓰기 전까지는 10페이지가 넘는 원고를 써 본 적이 없었다. 이 새로운 도전들이 연결되어, 전혀 예상하지 못했던 또 다른 기회가 내게 찾아올 수도 있을 것이다.

원칙 2. 명확한 부의 기준을 가져라

"얼마나 돈이 많아야 부자인가? 자신만의 명확한 부의 기준이 있어야 한다. 자신만의 기준이 없다면 주변과 끊임없이 비교하게 된다. 10억을 벌어도 100억을 가진 사람을 부러워하게 되는 것이다. 비교는 사람을 조급하게 만든다. 조급함은 판단력을 흐리기에 투자자가 가장 피해야 할 감정이다."

개인적으로 설정한 나의 목표는 1,500억 자산가가 되는 것이다. 1500억을 목표로 해야 150억이라도 손에 쥘 수 있을 것 같기에 본래의 목표보다 열 배의 목표를 설정하였고, 아직은 갈 길이 멀지만, 주변과 비교하지 않으며 나만의 목표 달성을 위해 꾸준히 노력하고 있다.

나는 타인과 나 자신을 비교하지 않기 위해 인스타그램, 트위터, 페이스북 등의 소셜미디어를 선혀 하지 않는다. 타인의 최고의 순간을 나의 평범한 일상과 비교하며 조급한 마음이 드는 것을 방지하기 위함이다.

원칙 3. 절약하는 삶을 살아라

"현재보다 많은 돈을 모으는 방법에는 두 가지가 있다. 수입을 늘리거나, 지출을 줄이는 것."

『이웃집 백만장자』와 『찰리 멍거 바이블』을 읽고 미국의 진짜 부자는 절약하며 사는 평범한 노인들이라는 사실을 깨달았다. 소유는 또 다른 소유를 낳을 뿐이기 때문에 진짜 부자들은 적당한 집에서 중고차를 타며 살고 있었다.

이 사실을 깨닫기 전까지 내 목표는 돈을 모아 서울의 한 근사한 아파트를 사는 것이었다. 하지만 지출은 또 다른 지출을 낳는다는 프레임을 깨달은 후 다시 생각해보니 그 아파트를 손에 넣고 실거주를 하는 순간 아파트에 채워 넣어야 할 가구, 고급 아파트에 들어갈 관리비, 이웃들과의 생활 수준을 맞추기 위한 지출 증가 등을 피할 수 없다는 사실을 깨닫게 되었다.

지금은 목표를 바꿔, 무리하지 않은 선에서 유지할 수 있는 적당한 가격대의 서울 또는 수도권 아파트를 한 채만 보유하고, 금융자산을 지속적으로 늘려갈 계획이다. 자녀 교육 등을 위해 특정 지역에서 일정 기간 실거주가 필요할 경우 전·월세 등을 활용할 예정이다.

원칙 4. 일확천금은 없다

"운이 좋아 단기간에 부자가 될 수도 있겠지만 부자로 남을 수는 없을 것이다. 복권에 당첨되어 10억을 받은 중학생이 그 돈으로 무엇을 할 것 같은가? 준비가 되어 있지 않은 사람에게 큰돈이 생기면 그 돈은 의미 없이 사라지게 될 것이다."

모든 책에서 하나 같이 강조하는 사실은, 부자가 되기 위해서는 '시간'이 필요하다는 점이었다. 내가 깨달은 결론 역시, 단기간에 부자가 되는 방법은 없다는 것이다.

나는 천천히 부자가 되기 위해, 우상향하는 건전한 자산에 장기 투자해 자산을 증식시키는 방법을 선택했다. 벼락부자가 되기 위해 내 전 재산을 한 종목에 올인하거나, 빚을 내어 투자할 수도 있겠지만, 나는 약 20여 년 남은 군 복무를 통해 안정적인 현금흐름을 창출하고, 나의 본업에 충실하면서 천천히, 그리고 확실하게 부자가 되기로 결심했다.

원칙 5. 독서가 가장 중요하다

"부자들의 취미 중 단연 1순위는 독서다."

모든 부자는 책을 가까이했다. 독서는 저자의 지식과 경험을 최단 시간에 획득할 수 있는 수단이다. 이 사실을 깨닫고, 나는 책을 통해 타인의 경험과 지식을 끊임없이 레버리지하기 위해 노력하고 있다. 2020년부터 독서기록을 정리하고 있는데, 그동안 책을 멀리하던 내가 4년 만에 100권이 넘는 책을 읽게 되었다.

책을 읽되 '많이 읽겠다'는 생각으로 독서량에만 매몰되지 않으려 한다. 단순 독서량보다는 질을 중시하며, 책의 여백에 나의 생각 등을 메모하며 내실 있는 독서를 하기 위해 노력하고 있다.

내가 독서를 통해 얻은 가장 큰 성과는, 바로 독서를 통해 행동의 변화를 이끌어냈다는 점이다. 독서를 통해 늘 대중과 반대로 생각하는 습관을 갖게 되었고, 실제로 좋은 투자 성과로 이어졌다. 또한, 변화를 두려워해서는 안 된다는 사실을 깨달은 이후로는 새로운 도전을 즐기게 되었다. 최근에는 군 생활 중 처음으로 국가기술자격검정에 응시하여 포크레인 자격증까지 취득하는 성과를 거두었다.

이처럼 독서 덕분에 크고 작은 성취감을 맛보고 있으며, 이러한 작은 승리의 경험이 모여 결국 더 큰 성취로 이어질 것이라 믿는다.

원칙 6. 개인 투자자가 기관 투자자보다 더 잘 할 수 있다

"S&P500, 나스닥 등의 미국 주식 종합지수가 10년, 20년 후에는 오늘보다 올라 있을 것이라는 점을 확신할 수 있지만, 다음 주나 1년 후에는 어떻게 되어 있을지 누구도 알 수 없다."

기관투자자들은 예측불허의 투자 환경에서 단기 성과를 내기 위해 고객과 상사의 압박을 받지만, 개인 투자자는 그럴 필요가 전혀 없다.

나의 경우, 앞으로 20년은 더 군 복무를 이어갈 수 있기 때문에 급하게 성과를 낼 필요가 없다. 단기적으로는 누구도 주가의 변동을 예측할 수 없지만, 10년~20년 후에는 결국 크게 상승해 있을 것이므로 장기 복무 군인에게 주식 투자를 통한 장기 수익 추구는 최적의 전략이라 생각한다.

나는 불필요한 매매는 최소화하고, 매월 적립식으로 꾸준히 투자하고 있기에 주식 시장의 단기 변동성에 신경 쓰지 않고 마음 편히 본업에 충실히 임하고 있다.

원칙 7. 절대 단기매매하지 마라

"단기간의 주가변동은 인간이 절대 예측할 수 없다"

많은 책을 읽은 끝에 얻은 결론은, 단기간의 주가 변동은 인간이 절대 예측할 수 없다는 것이다. 나의 짧은 투자 경험에 비추어 봐도, 확실한 호재에도 불구하고 하락하고, 분명한 악재에도 예상을 깨고 상승하는 것이 바로 주가였다. 이러한 주식 시장에서 하루 이틀 단위로 거래하는 트레이딩은 도박과 다를 바 없다.

나 역시 투자 개념이 제대로 정립되지 않았던 투자 초기에는 단기 매매(트레이딩)를 했다. 정말 짜릿하고 재미있었다. 몇 번 운이 좋아 단기매매로 소소하게 용돈을 벌었지만, 결국 백만 원이 넘는 큰 손해를 보고서야 그만두었다.

또한 매 거래 시마다 거래 수수료를 지불해야 하므로, 잦은 거래는 증권사의 배만 불려 줄 뿐이다.

추천도서

《위대한 기업에 투자하라》, 필립 피셔 | 굿모닝 북스
《보수적인 투자자는 마음이 편하다》, 필립 피셔 | 굿모닝 북스
《월가의 영웅》, 피터 린치 | 국일증권경제연구소
《피터 린치의 투자 이야기》, 피터 린치 | 흐름출판
《피터 린치의 이기는 투자》, 피터 린치 | 흐름출판
《보도 섀퍼의 돈》, 보도 섀퍼 | 북플러스
《돈의 심리학》, 모건 하우절 | 인플루엔셜
《EBS, 자본주의》, EBS 자본주의 제작팀 | 가나출판사
《부의 추월차선》, 엠제이 드마코 | 토트출판사
《댄 애리얼리 부의 감각》, 댄 애리얼리 | 청림출판
《이웃집 백만장자》, 토머스 J 스탠리 | 리드리드출판
《부자의 그릇》, 이즈미 마사토 | 다산북스
《부자의 언어》, 존 소포릭 | 월북
《워런버핏 바이블》, 워런 버핏, 리처드 코너스 | 에프엔미디어
《찰리멍거 바이블》, 이건, 김재현 | 에프엔미디어
《부자 아빠 가난한 아빠》, 로버트 기요사키 | 민음인
《돈, 뜨겁게 사랑하고 차갑게 다루어라》, 앙드레 코스톨라니 | 미래의창
《비겁한 돈》, 황현희, 제갈현열 | 한빛비즈
《주식시장의 17가지 미신》, 켄 피셔 | 페이지2북스
《돈의 속성》, 김승호 | 스노우폭스북스
《부의 본능》, 브라운스톤 | 토트출판사
《부의 인문학》, 브라운스톤 | 오픈마인드
《군인은 어떻게 부자가 될 수 있을까》, Rich Bee

시작하자마자 만난 상승장 (2020년)

최초 주식 거래는 결혼을 앞두고 있던 2020년 9월 10일이다. 당시 코로나 바이러스 사태로 인해 주가는 2020년 3월에 바닥을 찍고 무섭게 반등하고 있었다. 우리나라뿐 아니라 전 세계의 주식 시장이 폭등하던 시기였다. 우연찮게도 주식 투자를 시작하자마자 상승장부터 맛보게 되었다.

호기롭게 책 몇 권만 읽고 3,000만 원을 들고 실전 주식 투자에 뛰어들었다. 필립 피셔 선생님의 가르침대로 일명 잡주는 거들떠보지도 않으며, 가치주에 장기 투자하기로 마음먹고 첫 매매를 시작했다.

애국심 때문이었을까. 나의 역사적인 첫 매수 종목은 삼성전자였다. 장기 투자를 다짐했건만, 삼성전자와 함께 매수했던 네이버 1주가 나흘 만에 조금 떨어졌다는 이유로 3천 원 손해를 보고 매도하게 된다.

지금은 10년 이상 보유하지 않을 주식은 10분도 보유하지 않는다. 심사숙고하여 고른 주식이라면 주가가 조금 떨어져도 마음이 전혀 동요하지 않았을 것이다. 하지만 네이버에 대한 확신이 없었기에, 약간의 주가 하락에도 쉽게 매도를 결정했다.

네이버를 매도한 후 평소 늘 투자하고 싶었던 미국 주식에 투자했다. 내가 최초로 매수한 미국 주식은 알파벳(구글)이었다. 2016년 이세돌과 알파고의 바둑대결을 TV로 지켜보던 순간부터 앞으로는 AI의 시대라는 확신이 들었지만, 당시엔 이러한 생각이 실제 투자로 이어지지는 않았다. 그러던 중 2020년, 결혼을 앞두고서야 투자에 입문하며 드디어 알파벳을 보유하게 되었다.

2016년부터 일찍이 알파벳을 매수했더라면 수익률이 훨씬 더 높았을 것이다. 결혼을 결심한 군인이라면 최대한 빨리 실행하기 바란다. 이처럼 결혼은 생각보다 많은 것을 바꿔 놓을 수 있다.

이어서 마이크로소프트, 엔비디아, 아마존, 테슬라 등의 우량주를 매수해 나갔다.

각 종목별로 매수 이유를 적어보자면 다음과 같다.

알파벳(구글)

AI 분야의 선봉이 될 것이라 판단해 투자했다. 유튜브 또한 알파벳이 보유하고 있기 때문에, '유튜브에 투자한다'는 생각만으로도 투자가치는 충분하다고 생각했다.

마이크로소프트

컴퓨터 운영체제 '윈도우'의 점유율을 보고 투자했다. 컴퓨터가 계속 팔린다면 윈도우도 계속 팔릴 것이기 때문이다. 애플의 맥북도 많이 쓰지만, 윈도우의 과점 체제는 쉽게 깨지지 않을 것이라 판단했다. AI 분야에서의 약진은 크게 기대하지 않았는데, 2023년에는 예상치 못하게 알파벳보다 AI 분야에서 더 뛰어난 성과를 보이며, 수익률은 크게 올라갔다.

엔비디아

2020년만 해도 엔비디아는 우량한 게이밍 그래픽카드 회사였을 뿐이다. 하지만 게임을 좋아하는 사람이라면 알겠지만, 당시에도 엔비디아는 GPU(Graphic Processor Unit) 분야에서 독점적 지위를 갖고 있었다. 나는 2015년 처음으로 컴퓨터 조립을 하면서 엔비디아 그래픽카드의 시장장악력을 확인했고, 이 회사에 투자해야겠다고 생각했지만 역시나 2020년 결혼을 앞두고야 그 투자를 실행에 옮기게 되었다. '투자를 결심하자마자 매수했으면 어땠을까' 하는 아쉬움이 늘 남는다.

아마존

내가 자주 사용하는 온라인 쇼핑몰이었기에 매수했다. 하지만 기업구조 및 다른 사업모델에 대해 잘 모르고 투자했기에 강한 확신이 없었고, 결국 금방 매도했다.

테슬라

나는 피터 린치의 가르침대로, 일상에서 내가 직접 경험해 본 제품이나 서비스가 괜찮으면 그 회사를 알아보고 투자하기로 결심했다. 하지만 테슬라는 예외였다. 내 차는 테슬라가 아니었지만, '미래는 전기차의 시대가 될 것'이라 예측하고 투자했다.

2020년 9월 10일에 매수한 삼성전자 100주를 10월 22일에 전량 매도했다. 주가가 조금 올랐다고 40일 만에 팔아서 10만 원의 수익을 실현했다. LG 디스플레이도 10월 26일에 매수해 12월 10일에 매도하며 약 14만 원의 수익을 거두었다.

2021년 초에도 단타 거래는 계속되었다. 주가가 조금씩 오를 때마다, 잘 갖고 있던 엔비디아, 테슬라 등을 매도하면서 100달러, 200달러 정도의 소소한 용돈벌이를 했다. 하지만 2021년 3월, 삼성전자의 주가가 9만 원대에서 8만 원 초반까지 하락하면서 100만 원이 넘는 손해를 기록하였다. 이때의 경험을 기점으로, 단기매매는 절대 하지 말아야겠다는 쓰라린 교훈을 체득하게 되었다.

이후에는 정석대로 미국 우량주를 착실히 모아 장기투자하자는 생각으로 알파벳, 마이크로소프트 등을 꾸준히 매수하였다. 21년 10월 19일을 마지막으로 더 이상의 국내 주식 매매는 하지 않았으며, 더 이상의 매도 없이 미국 우량주를 꾸준히 매수해 나갔다. 그 결과, 2021년 마지막 날 내 포트폴리오에는 알파벳, 마이크로소프트, 엔비디아만이 깔끔하게 담겨있었다.

투자 초기에 올바른 투자원칙이 정립되어 있지 않은 상태에서 단기매매를 해보니, 용돈도 생기고 재미도 있었다. 하지만 몇 번의 트레이딩을 해보니 하루 종일 주가만 쳐다보게 되었고, 일에 집중도 되지 않아, 지금은 이런 단기매매는 절대 하지 않는다.

이러한 단기 투자로 용돈벌이는 할 수 있겠지만, 인생을 바꿀 수는 없다. 나는 인생을 바꾸는 투자를 하기 위해 책에서 모든 투자 대가들이 추천한 장기 투자를 다짐했음에도 불구하고, 단순한 재미를 위해 단기 투자를 감행했다. '책으로 배우는 것'과 '직접 경험해보고 배우는 것'은 천지차이라는 것을 절감할 수 있었다.

투자를 시작한 첫해의 기록을 지금 다시 들여다보면 부끄러운 기록이 많다. 하지만 단기 트레이딩을 직접 해보지 않았다면, 단기매매의 해악을 온전히 깨닫지 못했을 것이기에 나름의 의미가 있었다고 할 수 있겠다.

전 재산 넣자마자 하락장 (2022년)

2020년에 주식 투자를 시작하여 만 1년 정도 해보니 인생을 걸어볼 만한 가치가 있겠다는 확신이 들었다. 저축, 적금이 아닌 투자가 답이라는 사실을 직접 경험하고 깨우치게 되었다.

그래서 21년 말 군인공제를 해약해 10년의 군 생활 동안 모은 군인공제 1억 원을 주식에 추가로 투입했다. 당시로서도, 그리고 지금 와 생각해 봐도 쉽지 않았던, 내 인생에서 손에 꼽을만한 큰 결정 중 하나였다. 쉽지 않은 결정이었지만, 지금 와서 생각해 봐도 잘한 선택이었다.

하지만 2020~2021년의 상승장만 맛봤던 나는, 전 재산을 투입하자마자 운명의 장난처럼 2022년의 하락장을 온몸으로 맞게 된다.

2022년이 시작되자마자, 1월 말까지 나스닥 주가가 폭락했다. 결국 급락의 공포를 이기지 못하고 보유 종목을 전량 매도하게 되었는데, 이는 해서는 안 될 최악의 악수였다. 2월 초, 주가는 바로 전고점을 회복했기 때문이다. 나는 다시 알파벳과 마이크로소프트를 대량 매수했다. 물론 이전보다 훨씬 비싼 가격으로…

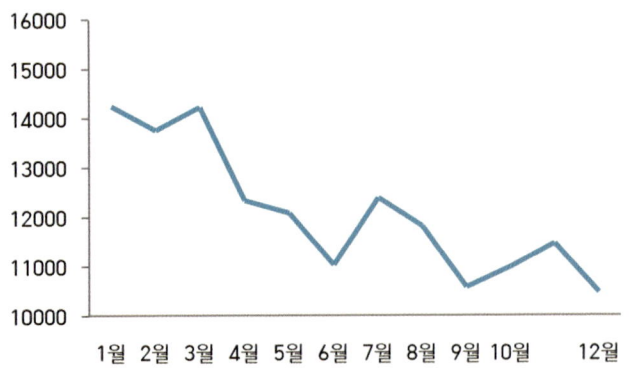

<2022년의 나스닥 폭락>

　투자 시작 후 상승장만 경험하다가 처음 겪은 조정장에서, 공포를 이기지 못하고 전 종목을 매도해 버린 초보 투자자의 미숙함이 그대로 드러났다. 확신이 있는 종목에 대해서는 약간의 조정이 오더라도 절대 매도해서는 안 됐다.

　22년 4월 말 기준으로 주가는 다시 최저치를 기록하였다. 하지만 1분기에 체득한 교훈을 바탕으로 나는 주식을 매도하지 않고 오히려 하락한 종목들을 분할 매수해 나갔다.
　이 시기에 처음으로 미국 주식 ETF인 QQQ를 매수했다. 그러다 자연스럽게 TQQQ까지 알게 되었고, 이후에는 QQQ 매도하고 TQQQ 매수를 지속적으로 이어갔다.

　* QQQ = 나스닥 100 지수 추종 ETF / TQQQ = QQQ의 3배 레버리지 ETF

TQQQ는 QQQ가 오르면 3배로 오르지만, 떨어지면 3배로 떨어지는 종목이다. 상승장에서는 큰 수익을 보장하지만, 반대로 하락장에서는 큰 손해를 입을 수도 있는 초고위험 종목이다. 나는 주가가 많이 하락한 시점이라고 판단하고 TQQQ를 대거 매수했다. 하지만 바닥 밑에는 지하실이 있었다.

주가는 등락을 반복하다가, 9월 말에는 2022년의 최저점을 경신했다. 9월 초까지는 주가가 내려갈 때마다 TQQQ와 알파벳, 엔비디아 등을 지속적으로 매수했지만, 9월 말의 급격한 하락장에서는 알파벳, 엔비디아 등을 매도하고 TQQQ를 대량 매수했다.

미국 종합주가지수는 반드시 우상향한다는 확신을 바탕으로, 추후 회복 시 큰 수익을 기대하고 매수를 단행한 것이다. 지금 돌아보면, 주식 초보 주제에 꽤 대담한 판단이었다고 생각한다.

2022년의 거센 하락장을 마주하며, 독서와 공부를 통해 미국 주식의 장기 우상향을 믿게 되었고, 그 덕분에 시장에서 도망치거나 심리적으로 크게 흔들리지 않고 덤덤하게 투자를 이어갈 수 있었다. 2022년 4분기에는 9월 말보다 주가가 더 떨어지며, 결국 11월이 2022년의 최저점이 되었다. 나는 10월에 공격적으로 TQQQ를 매수했으며, 3배 레버리지 ETF에 맛이 들어 SOXL을 종목에 추가하였다.

* SOXX = 미국 반도체기업 종합 ETF / SOXL = SOXX의 3배 레버리지 ETF

연초 엔비디아를 매도한 이후, 엔비디아 재매수 대신 반도체기업

ETF인 SOXL을 보유하자는 판단이었지만, 2024년의 시점에서 돌이켜보니 엔비디아를 재매수했으면 더 높은 수익률을 기록했을 것이다.

2022년 마지막 날, 내가 보유하고 있던 종목은 알파벳, 마이크로소프트, TQQQ, SOXL 네 종목이었으며, 수익률은 원금 대비 약 -31%, 약 6천만 원의 손실을 기록하고 있었다.

종목	'21. 12. 31	'22. 12. 31	수익률
GOOGL (알파벳A)	56,505 달러	41,822 달러	-26%
MSFT (마이크로소프트)	16,932 달러	14,784 달러	-13%
TQQQ (나스닥3배)	-	14,904 달러	-34%
SOXL (반도체3배)	-	3,729 달러	+15%

<2022년 12월 31일의 보유 종목 현황>

연초에 패닉셀로 인해 모든 주식을 매도하는 실수를 범하기도 했지만, 이 경험을 통해 10년을 보유할 주식이 아니라면 10분도 보유하지 말라는 워런버핏의 명언을 내 뼈에 새길 수 있었다. 2022년의 조정장을 거치며 꾸준한 독서를 통해 미국 주식은 결국 우상향한다는 확신을 갖게 되었고, 그 이후로 단기간의 주가 등락은 더 이상 나를 불안하게 하지 않는다.

생각보다 빨리 온 회복장 (2023년)

2022년의 하락장은 내가 투자하고 있는 기업들의 근본 가치가 약해졌기 때문이 아니라, 금리 인상, 우·러 전쟁 등의 외부 요인으로 인해 전 종목의 주가가 동반 하락한 상황이었기 때문에 전혀 불안하지 않았다. 외부 요인으로 인한 전체적인 주가 하락은 결국 회복된다는, 역사가 증명하는 굳은 믿음이 있었기 때문이다.

2023년은 나의 믿음이 틀리지 않았음을 보상하듯 주가가 크게 회복한 한 해였다.

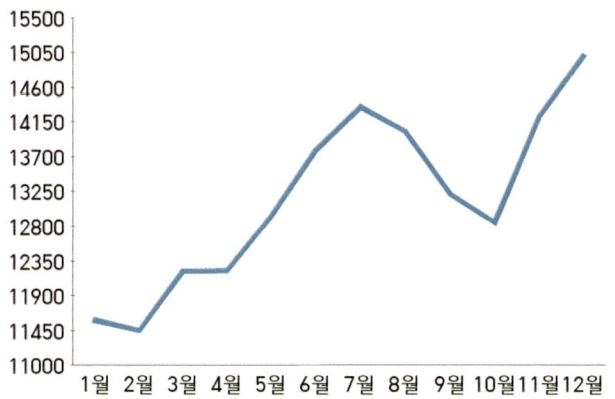

<2023년 나스닥의 상승>

특히, 2023년의 회복장을 이끈 핵심 키워드는 바로 'ChatGPT'였다. 언젠가 AI가 우리 곁에서 일상이 될 것이라는 나의 오랜 믿음이 조금씩 현실화되는 시기이기도 했다. 23년 1분기는 주식시장의 훈풍을 타고, 단 한 건의 매도도 없이 알파벳, TQQQ, SOXL을 지속적으로 매수했다.

특히 당시 나의 알파벳 평균단가가 150달러로 높았기 때문에, 평단을 낮추기 위해 당시 100달러 미만이었던 알파벳을 집중적으로 매수하여 평단을 낮추는 데 주력했다. 이후 크게 상승을 맞이하게 되었다.

23년에는 배당에도 관심이 생겨, 대표적인 월 배당주인 리얼티인컴을 소량 매수했다. 30만 원을 투자하니 매월 약 1,000원의 배당이 들어왔다. 즉, 1억 원을 투자하면 매월 약 30만 원의 배당을 받을 수 있는 것이다. 하지만 아직은 배당수익보다는 성장주에 집중하여 자산을 적극적으로 증식하는 것이 맞다고 판단하여, 리얼티인컴은 금방 매도했다.

2~3분기에는 돈을 써야 할 일이 생겨, 보유 중이던 엔비디아를 일부 매도했다. 그 외에는 봉급이 들어올 때마다, 적립식으로 기존 보유 중이던 종목들을 꾸준히 매수해 나갔다.

내 포트폴리오는 소수로 구성되어 있다. 현재 8종목을 보유 중이며, 앞으로도 가능한 10종목 이상은 보유하지 않기 위해 노력 중이다. 전업투자자가 아닌 이상, 보유 종목 수가 너무 많아지면 해당 업종이나 기업에 대해 깊이 있게 파악하기 힘들 것이라는 판단 때문이다.

3분기의 주목할 만한 거래는 9월 상장한 ARM을 소량 매수했던 것이다. ARM은 반도체 설계 분야에서 독점적인 지위를 가지고 있는 영국 기업으로, 엔비디아가 인수를 시도하다 무산된 적이 있을 만큼 유망한 기업이다. 유망한 기업인만큼 상장하자마자 큰 폭의 주가 상승이 있을 것이라 기대하여 매수했지만, 생각보다 주가 상승의 폭은 크지 않았고 얼마 지나지 않은 12월에 매도하게 되었다. (66달러에 매수하여 70달러에 매도했다.)

하지만 내가 매도하자마자 주가는 급등하여 140달러까지 상승했다. 이처럼 내가 매도한 종목의 주가가 매도 후 큰 폭으로 상승하는 경험을 몇 번 겪은 후, 확신을 갖고 매수한 종목은 절대로 팔지 않는다.

2023년 마지막 날, 나는 31% 수익률을 기록하며 투자 원금 대비 약 6천만 원의 자산이 늘어 있었다. 집필하는 현재도 계속 늘어나고 있다.

2022년에는 31% 손실이 있었지만, 1년뒤에는 31%의 수익이 생겼다. 나쁘지 않은 성과를 거둔 한 해였지만, 매매 기록을 정리하며 복기해 보니 스스로를 '장기 투자자'라 부르기에는 아직 부족함이 많다는 생각이 들었다.

　하지만 단점을 보완하고 지속적으로 성장해나가기 위해 나는 매분기마다 투자기록을 정리하며, 같은 실수를 반복하지 않기 위해 오늘도 꾸준히 노력하고 있다.

　결론은 하나였다. 장기적 우상향 구조를 가진 주식은 계속 사면 된다. 주식은 도박이 아니라, 사람이 도박처럼 투자해서 위험한 것이다.

마치며

추천하는 투자처

방탄노른자
최원순

네이버 카페 리치군인
함께 하는 재테크 스터디

#자본주의 #독서 #부동산 #경매 #짠테크 #주식 #이커머스

에필로그

<대표작가 최원순>

우리가 전하고 싶은 하나의 메시지, 그것을 위해 이 책을 쓰기 시작했다. 그것은 군인도 부자가 될 수 있다는 자신감을 주기 위함이다. 물론 우리보다 훨씬 부자들의 이야기를 쉽게 접할 수 있다. 하지만 그 이야기들은 왠지 나와는 먼 세상 이야기처럼 느껴진다. 나도 할 수 있을까? 라는 의구심과 그 벽 앞에서 머뭇거렸던 적, 나도 있었다. 수 많은 군인들은 매달 나오는 월급을 성실히 모으고 있다. 나도 마찬가지였다. 차곡차곡 쌓인 적금을 들여다보며, 그 돈을 투자에 쓰는 게 겁이 났었다.

그런데 이 책을 쓰는 우리는 모두 군인이다. 최전방 경계 부대에서 근무하던 사람, 전투기 조종사로 하늘을 누비던 사람, 자신의 자리에서 땀 흘리며 복무하던 우리들이다. 작은 돈으로 시작했지만, 방법을 알게 되고, 용기를 얻으면서 삶이 달라지기 시작했다. 이 책은 그런 우리의 이야기이다. 특별한 것이 아니라 당신과 같은 군인이 단지 먼저 행동한 것 뿐이다. 지금 이 순간에도, 누구보다 치열하게 나라를 지키고 있는 당신에게 전하는 응원이다. 당신도 해낼 수 있다. 이 책이 그 출발점이 되기를 바란다.

미국 주식 ETF 추천 리스트

이 책을 읽는 군인들이 당장 무엇이라도 할 때 참고할 만한 것들을 알려주려 한다. 이는 미국 주식 투자를 시작하는 동생에게 미국주식을 알기 쉽게 정리했던 것이다. 내가 직접 투자해 본 종목이고 미국 우량주만 모아놓은 ETF 이다.

가장 변동성이 심한 ETF는 매운맛, 그 다음 중간맛, 비교적 편안한 것은 순한맛이다. 매움의 정도는 그냥 내가 경험해 보고 분류한 것이다. 나는 주로 매운맛에 투자하고 있다. 시장 상황에 맞게 이 것들의 비중을 조절해 가며 투자하면 된다.

순한맛 5가지

안정성을 우선시 하는 분에게 추천한다.

SPY, VOO, SLPG, IVV (S&P 500 피우)

미국 주식 투자의 기본 중의 기본이다. 미국 500대 기업 지수에 투자하는 것이다. 서로 다른 운용사에서 만들어 이름만 다를뿐 똑같은 지수를 추종한다. 세계에서 가장 안전한 투자라 생각된다. 탄탄한 세계 1등 미국 경제에 투자한다고 볼 수 있다. 그리고 장기 우상향 할 수 있는 우량주로서 인플레이션 방어도 가능하다.

세계 최고의 투자자인 워런 버핏도 추천한다.

"모든 투자자들이 개별 종목을 고르거나 시장을 이기려고 애쓸 필요는 없다. S&P500 인덱스펀드에 장기 투자해라."

심지어 자기 아내에게도 유언처럼 당부했다.

"내 재산의 90%를 S&P500 인덱스펀드에, 10%를 단기 국채에 넣어라."

이 주식은 군인에게 딱 맞는 투자법이라 할 수 있다. 미국 경제와 함께 성장하고, 개별 주식을 고를 필요 없다. 수수료가 저렴하고 한 두개 기업이 아니라 500개 기업에 투자하기 때문에 위험이 분산된다. 매달 월급을 꾸준히 모으고, 시장을 믿고 S&P500에 투자하며, 조급해하지 않고 기다리면 된다. 시간은 결국 부자가 되는 길로 우리를 이끌어 줄 것이다. 행군처럼 묵묵히 전진하듯 우리 군인에게 가장 잘 맞는 투자 전략이다. 10년, 20년 후에는 분명히 부자가 되어 있을 것이다.

QQQ(나스닥 100 지수)

미국 주식 투자의 기본, 나스닥 100 지수에 투자하는 것이다. 나스닥에 상장된 기업 중 100개 우량 기업만을 별도로 모아 만든 주가지수를 추종하는 것이다. 이 또한 미국에 투자하는 것으로 안정적인 투자를 원하시는 분에게 어울린다.

DIA(다우존스 산업평균지수)

미국 주식 투자의 기본, 다우존스 산업평균지수에 투자하는 것이다. 뉴욕 증권시장에 상장되어 있는 주식 가운데 가장 신용 있고 안정된 30개 종목을 표본으로 시장가격을 평균하는 주가 지수를 추종한다. 이 또한 미국에 투자하는 것으로 안정적인 투자를 원하시는 분에게 어울린다.

SCHD(배당성장주)

다우존스 미국 배당 100 지수을 추종하며, 배당성장률이 높은 ETF이다. 연금 같이 배당 받기를 원하면서 주식 자산도 물가 상승률 보다 좋은 수준으로 성장하는 ETF 이다. 지난 10년 동안 연평균 10% 이상의 배당 성장을 보여줬다. 주가의 변동성이 매우 미미하여 안정적인 투자를 원하는 분에게 추천한다.

SOXX(반도체 지수)

ICE Semiconductor Index 지수를 추종하고 있는 ETF로 미국에 상장된 30개 반도체 기업의 성과를 추종하는 가중방식의 지수이다. 반도체 주 종합 ETF 이다. 미래 먹거리의 기본인 반도체 산업에 투자를 원하는 분에게 추천한다.

중간맛 2가지

좀 더 수익을 내고 싶은 주린이, 군인에게 추천한다.

3배 레버리지 상품을 추천하면 위험한 것 아닌가라는 의구심이 들 수 있다. 그러나 그 추종하는 지수 자체가 우량하기 때문에 장점을 잘 활용하면 매우 큰 수익을 낼 수 있다.

UPRO (S&P 500, 3배)

미국 주식의 기본으로 미국 500대 기업 지수에 투자하는 것이다. 앞서 SPY와 같은 ETF의 3배 레버리지 상품이다. SPY가 1% 상승하면, 이 것은 3% 상승하고 반대로 하락도 3배이다. 좋은 수익과 적당한 안정성을 원하는 분에게 추천한다. 3배라서 위험하다 생각할 수 있는데 개인적으로는 아주 안전하다고 생각하는 주식 중에 하나이다. 그 추종 지수 자체가 안전하기 때문이다. 미국 주식 잘 모르는데 그래도 좋은 수익을 내고 싶은 분에게 추천한다.

TQQQ (나스닥100, 3배)

나스닥 100대 기업에 투자하는 것이다. 앞서 QQQ의 3배 레버리지 상품이다. 미국 주식 잘 몰라도 좋은 수익을 내고 싶은 분에게 추천한다. 나도 자녀들의 주식에 TQQQ를 사놓고는 3년 동안 아무것도 하지 않았다. 수익률은 시기에 따라 크게 변하지만 지금은 180%에 달한다. 이 종목은 10년 이상 보유하여 성장한 금액으로 자녀가 결혼할 때 아파트를 사주려 한다.

매운맛 3가지

매우 큰 변동성에 큰 수익을 내고자 하는 강심장에게 추천한다.

내가 가장 많은 수익을 낸 상품들이다. 운이 좋게도 단 한번도 실패한 적이 없다. 단기적으로 투자 손실을 받아들이기 어려운 사람들에게는 추천하지 않는다. 그리고 과한 욕심과 공포를 느끼는 사람들에게는 부적절 하다. 그런 사람들은 5년 이상 투자하지 못하기 때문이다.

FNGU (Magnity7 등 우량 10개 기업, 3배)

지금은 FNGA, FNGB로 이름이 변경되었다. FNGA, FNGB는 3배 레버리지 ETF로 NYSE FANG+ Index를 추종하며, FAANG 5개 종목과 5개 주식을 추가 포함한 ETF이다.(애플, 마이크로소프트, 구글, 아마존, 엔비디아, 메타, 테슬라 등) 운용사에서 상황에 따라 기업을 조금씩 변경한다. 10개 기업의 주가를 추종하기 때문에 변동성은 매우 심하다.

내가 가장 사랑하는 상품이다. 세계를 선도하는 기업으로 왠만한 경제 위기에도 망하지 않을것 같다. 장기적으로 우상향 하고 주가 성장도 높아 큰 수익을 낼 수 있다. 즉, 높은 수익과 안전성을 보장할 수 있다. 다만, 단기 변동성에 대비하여 언제든 추가 매수할 수 있게 예비자금이 확보되어 있어야 한다. 하락은 기회다.

BULZ (Magnity7 등 우량 15개 기업, 3배)

앞서 소개한 FNGU와 매우 유사한 기업들로 구성되어 있고 기업 수가 15개로 조금 더 많다. 시기에 따라 운용사가 기업 구성을 변경하지만 세계를 선도하는 기업만을 포함시킨다. 이 또한 수익률이 매우 좋고 안전성을 보장할 수 있다.

SOXL (반도체, 3배)

SOXX의 3배 레버리지 상품이다. ICE Semiconductor Index 지수를 추종하고 있는 ETF로 미국에 상장된 30개 반도체 기업의 성과를 추종하는 가중방식의 지수이다. 구성종목은 엔비디아, AMD, 브로드컴, 인텔과 같은 반도체 산업 기업들의 주식으로 구성되어 있다. 변동성은 FNGU와 비슷하거나 보다 더 심하다. 투자의 강심장, 높은 수익률을 원하는 분에게 추천한다.

간단하게 특징을 적어 봤는데 자신에게 맞는 것을 공부해 보길 추천한다. 소개한 ETF는 우량한 종목만을 추천했기 때문에 하락하면 꾸준히 모아간다는 생각만 갖춘다면 처음 투자하는 사람들도 성공할 확률이 높다. 특히, 군인이면 더욱 성공률이 높다. 안정된 월급을 모아 장기 투자하기에 좋은 주식이기 때문이다.

입지 좋은 대장 아파트 리스트

부동산 투자는 다른 투자 자산에 비해 여러 가지 강력한 이점을 가진다. 특히, 1주택자 양도소득세 비과세 혜택과 레버리지 활용이 가능하다는 점이 돋보인다.

우선, 양도차익에 대한 세금을 내지 않는다는 것은 어떤 투자보다도 높은 효율성을 보장한다. 군인처럼 관사가 제공되는 경우, 거주할 주택을 고려치 않아도 되기에 2주택 같은 1주택자가 가능하다. 비과세 혜택을 온전히 누릴 수 있는 것이다.

또한, 세입자의 보증금과 금융기관 대출을 활용하면 적은 자기자본으로 큰 자산을 확보할 수 있다. 이렇게 레버리지를 적극 활용하면 자산 규모를 기하급수적으로 키울 수 있으며, 시간이 지날수록 수익 역시 극대화된다.

이외에도 부동산은 쉽게 매도할 수 없는 특성 덕분에 자연스럽게 장기 투자가 가능하다. 이는 변동성이 큰 다른 투자 자산과 비교할 때 부동산만이 가지는 안정성의 매력이기도 하다. 게다가 부동산은 인플레이션을 방어하는 실물자산으로서, 시간이 지나도 가치를 유지하거나 오히려 상승하는 경우가 많다.

이 모든 점을 종합하면, 군인에게 부동산 투자는 안정성과 성장성을 동시에 갖춘 매우 매력적인 투자 수단이라고 할 수 있다.

부동산 투자가 좋은것은 알겠는데 어떤 부동산을 사야하는가에 대해 본론으로 들어가려 한다. 그 답은 바로 서울 주택이다. 주택은 인생에서 구매하는 것 중 가장 비싼 자산이다. 그리고 살아가는 데 반드시 필요한 '공간'이기 때문에 사람들에게 매우 특별하다. 어딘가에 머물 공간이 반드시 필요 하다. 이 절대적인 수요가 부동산의 가치를 결정한다. 따라서 수요가 몰리는 지역, 좋은 입지를 가진 곳이면 그 가치는 더욱 높아진다. 공급이 제한된 상황에서 수요가 끊이지 않으면, 가격은 오를 수밖에 없다. 그래서 부동산 투자는 '수요가 지속되는 지역'을 중심으로 해야 한다. 그 곳이 바로 서울이다.

서울 아파트는 물가상승률을 앞선다. 데이터는 이를 명확히 보여 준다.

2009년 5월, 서울 아파트 중위가격은 약 5억 1,458만 원이었다. 15년이 지난 2024년 5월, 중위가격은 약 9억 5,000만 원까지 상승했다. 이는 4억 3,542만 원, 연평균 약 5.3% 상승했다. 같은 기간 동안의 물가상승률을 반영한 수치는 2024년 5월 기준 약 7억 1,145만 원이다. 즉, 단순 물가상승률을 반영한 것보다 서울 아파트 가격은 훨씬 더 높은 상승폭을 기록했다.

이 데이터는 단순히 서울 아파트가 인플레이션을 방어하는 데 그치지 않고, 실질적인 자산가치를 증가시키는 강력한 투자처임을 보여준다.

서울 아파트의 가치는 앞으로도 변함없을 것이다. 서울은 정치, 경제, 교육, 문화 중심지로서 전국의 인구와 자본이 몰리는 곳이다. 수요는 꾸준히 존재하지만 공급은 제한적이기 때문에, 자연스럽게 가격은 지속적으로 상승해왔고 앞으로도 그럴 것이다. 따라서 서울 아파트는 단순한 거주 공간을 넘어, 장기적으로 자산을 불리고 지키는 최적의 투자처로 계속해서 주목받을 것이다. 서울 아파트 매수하기에 자본이 부족하면 서울로 접근성이 좋은 지역의 아파트를 사면 된다. 서울 3대 업무지구인 강남, 여의도, 서울 도심에서 지하철 노선을 따라 외곽으로 가면서 자기 자본에 맞는 아파트를 찾을 수 있다.

대장 아파트를 참고하면 좋은 아파트를 찾는데 도움이 된다. 대장 아파트는 지역에서 가장 인기가 많고, 가격을 선도하는 아파트이다. 따라서, 가격이 가장 비싸고, 거래가 활발하며, 입지, 단지 규모, 브랜드, 학군, 교통 여건 등이 모두 좋다. 대장 아파트는 부동산 시장이 상승할 때 가장 먼저 오르고, 하락할 때도 가장 잘 버틴다. 또, 수요가 탄탄하다. 경기가 악화되어도 수요가 끊이지 않아 가격 하락폭이 상대적으로 적다. 매도 시에는 수요자가 많아 잘 팔리고, 매수 시에는 매물이 귀해지기도 한다. 대형 건설사의 프리미엄 브랜드 아파트가 많아 시간이 지나도 프리미엄 가치가 유지된다.

다음 표에서 서울 자치구별, 수도권 주요 도시의 대장아파트를 정리했다. 참고하여 나만의 아파트 리스트를 만들어 보기 바란다.

* 2025. 5월 기준

지역	아파트명	실거래가 (억 원)
은평구	녹번역 이편한세상캐슬	13.4
서대문구	이편한세상신촌	17.4
마포구	마포프레스티지자이	18.4
강북구	송천센트레빌	7.4
도봉구	북한산아이파크	9.1
노원구	청구3차	12.1
성북구	래미안길음센터피스	14.5
중랑구	이편한세상화랑대	10.7
동대문구	래미안크레시티	14.4
성동구	래미안옥수리버젠	21.5
광진구	광장힐스테이트	21.7
종로구	경희궁자이2단지	23.3
중구	서울역 센트럴자이	17.7
용산구	한가람	25.2
강서구	마곡엠밸리7단지	17
양천구	목동신시가지5단지	25.5
영등포구	당산센트럴아이파크	18
동작구	아크로리버하임	26

<대표작가 최원순>, <입지 좋은 대장 아파트 리스트>

지역	단지명	가격
구로구	신도림4차 이편한세상	15.8
금천구	금천롯데캐슬골드파크3차	11.9
관악구	이편한세상서울대입구1차	12.2
서초구	래미안원베일리	62.1
강남구	래미안대치팰리스1단지	40.7
송파구	리센츠	29.8
강동구	고덕그라시움	20.1
성남시	판교 푸르지오그랑블	27
과천시	과천 푸르지오써밋	24.5
성남시	분당 정자동 파크뷰	20.7
하남시	센트럴자이	16.3
수원시	광교중흥S클래스	16.3
화성시	동탄역 롯데캐슬	15
안양시	아크로베스티뉴	14
의왕시	인덕원푸르지오엘센트로	13.1
용인시	수지롯데캐슬골드타운	13
광명시	철산역롯데캐&SK뷰	12.3
수원시	화서역 파크푸르지오	12.1
용인시	e편한세상구성플랫폼시티	12
고양시	DMC자이더리버	12
안양시	평촌더샵센트럴시티	12
하남시	미사강변푸르지오	11.4
군포시	힐스테이트금정역	11.3
남양주시	다산자이아이비플레이스	10.8
고양시	한화포레나킨텍스	10.6
수원시	매교역푸르지오SK뷰	9.2
파주시	운정신도시아이파크	7.6
김포시	한강메트로자이	6.8

네이버 카페 리치군인
함께 하는 재테크 스터디

#자본주의 #독서 #부동산 #경매 #짠테크 #주식 #이커머스